HEYNE <

Das Buch

Radikale Selbstvergebung weist den Weg zu innerem Frieden und wahrer Selbstliebe, zum Einklang mit sich selbst und der Welt. Diesem Ziel dient das vorliegende Buch, das die Methode auf praktische und alltagstaugliche Weise vermittelt.
Der erste Schritt ist, sich zu lieben und das Gefühl zuzulassen. Was Schuld- und Schamgefühle betrifft – Gefühle, die verhindern, dass wir uns selbst vergeben –, so müssen wir ihnen auf den Grund gehen. Indem wir sie genau anschauen, finden wir heraus, ob sie tatsächlich angebracht sind. Erst dann können wir Mitgefühl und Verständnis für uns selbst aufbringen. Radikale Selbstvergebung und Selbstakzeptanz geben uns dafür die Werkzeuge.

Der Autor

Colin C. Tipping ist renommierter Therapeut, Autor und Lebenslehrer. Im Zentrum seiner ungewöhnlichen Synthese aus psychologischer und spiritueller Arbeit steht die Vergebung. Sein aufsehenerregendes Buch Ich vergebe wurde zum internationalen Bestseller und bereits in neun Sprachen übersetzt. Neben seiner Arbeit als Autor hält er weltweit Vorträge und leitet Workshops, die besonders im deutschsprachigen Raum überaus erfolgreich sind.

COLIN C. TIPPING

RADIKALE SELBST-VERGEBUNG

Liebe dich so, wie du bist,
egal was passiert!

Aus dem Englischen übersetzt
von Matthias Schossig

WILHELM HEYNE VERLAG
MÜNCHEN

Die amerikanische Originalausgabe erschien unter dem Titel »Radical Self Forgiveness« bei Global 13 Publications.

FSC www.fsc.org MIX Papier | Fördert gute Waldnutzung FSC® C014496

Penguin Random House Verlagsgruppe FSC® N001967

4. Auflage
Taschenbucherstausgabe 01/2017

Redaktion: Dr. Juliane Molitor
Abbildungen: no-mind.graphics
Umschlaggestaltung: Guter Punkt, München,
unter Verwendung einer Abbildung von © maoyunping/shutterstock
Satz: satz-bau Leingärtner, Nabburg
Druck und Bindung: GGP Media GmbH, Pößneck
ISBN 978-3-453-70318-6

www.heyne.de

INHALT

SECHSTER TEIL

SIEBTER TEIL

VORWORT

Wenn man einmal bedenkt, wie weit uns die Evolution geführt hat, seit wir den Planeten als affenähnliche Wesen bevölkerten, könnten wir heute, zu Beginn des einundzwanzigsten Jahrhunderts, eigentlich zufrieden mit uns sein. Dem ist aber nicht so. Als C. G. Jung und andere einen tiefen Blick in die menschliche Psyche wagten, erkannten sie, dass wir offenbar alle unter einer tief sitzenden und immer wiederkehrenden Unzufriedenheit mit uns selbst leiden.

Eine der Ursachen für diesen tief sitzenden Selbsthass ist, wie viele meinen, unser Glaube, dass wir uns für ein Leben in Trennung von Gott entschieden und damit die »Erbsünde« auf uns geladen haben. Im Moment der Trennung – so die Geschichte – glaubten wir, Gott sei sehr wütend auf uns, weil wir uns auf dieses Experiment eingelassen haben, und würde uns eines Tages schwer dafür bestrafen. Seitdem fühlen wir uns schuldig, und die einzige Möglichkeit, mit dieser Schuld umzugehen, besteht darin, sie zu unterdrücken und sie, wenn sie doch wieder auftaucht, auf andere zu projizieren.

Selbst wenn wir die Geschichte mit der Erbsünde nicht so recht glauben wollen – ich bin jedenfalls nicht sicher, ob ich sie glauben will –, ist unbestritten, dass Kriege und Angriffe gegen diejenigen, die wir für unsere Feinde halten, in der Regel nichts weiter sind als Projektionen unseres tief sitzenden Selbsthasses.

Das ist wahr, ganz unabhängig davon, was der Grund für den Angriff ist oder war.

Wir können heutzutage sogar noch einen Schritt weiter gehen und sagen, dass dieser Selbsthass dazu geführt hat, dass wir unseren Planeten für uns selbst und viele andere Spezies unbewohnbar machen. Wir sind auf Selbstzerstörungskurs.

Dieses Buch hat daher zwei Ziele:

1. diesen Selbsthass mit den Methoden der Radikalen Selbstvergebung und der Radikalen Selbstakzeptanz zu heilen. Dies wird uns ein viel besseres Selbstwertgefühl geben, und unsere Schwingungsenergie deutlich erhöhen.

2. den Selbsthass im kollektiven Bewusstsein – für die Menschheit als Ganzes – zu heilen. Wenn uns das gelingt, werden wir aufhören, unseren Selbsthass in Kriegen und anderen Formen der Aggression auf andere zu projizieren. So gesehen ist das Ziel dieses Buches kein geringeres, als den Weltfrieden zu schaffen, den Planeten zu retten und die Menschheit zu verändern.

Obwohl wir diese hehren Ziele nicht aus den Augen verlieren wollen, liegt der Schwerpunkt dieses Buches ganz klar auf dem ersten Ziel: Ihnen als Individuum zu helfen, Ihren Selbsthass im Prozess der Radikalen Selbstvergebung und Selbstakzeptanz aufzulösen. Dieses Buch ist keine graue Theorie. Es wird Ihnen helfen, mehr Energie und Lebensfreude zu entwickeln.

Doch soweit wir wissen, hat eine einzelne Person, die eine tief greifende Bewusstseinsveränderung durchlebt, einen großen Einfluss auf das kollektive Bewusstsein. Sie werden also, indem Sie sich selbst verändern, einen großen Beitrag zur Heilung des menschlichen Bewusstseins und für den Frieden in der Welt leisten. Und damit helfen Sie auch mir bei der Verwirklichung meines persönlichen Lebensziels: *Das Bewusstsein des Planeten durch Radikale Vergebung zu erhöhen und in absehbarer Zukunft eine Welt der Vergebung zu schaffen.* Das funktioniert so ähnlich wie das »Prinzip des hundertsten Affen«.

(Die Idee vom Prinzip des hundertsten Affen stammt aus einem Bericht von Forschern, die beobachtet hatten, wie sich Affen verhielten, denen man Süßkartoffeln fütterte. Eines Tages fing ein Affenweibchen damit an, die Kartoffeln vor dem Verzehr im Meer zu waschen, um Sand und Schmutz abzuspülen.

Dies war ein völlig neues Verhalten, das nie zuvor beobachtet worden war, doch sehr bald begannen auch die anderen Affen, ihre Süßkartoffeln zu spülen. Sehr zum Erstaunen der Forscher nahmen aber auch Affen auf anderen Inseln, die dies nicht hatten beobachten können, dieses Verhalten an.

Es schien, als sei dieses Verhalten, nachdem es von einer bestimmten Anzahl von Affen (die Forscher gingen von 100 aus) angenommen worden war, in das Gruppenbewusstsein aller Affen dieser Art eingegangen, ganz gleich, wo auf der Welt sie sich befanden.)

Es scheint immer um Energie zu gehen. Wie alle Lebewesen sind auch Menschen Energiewesen. In seinem Buch *Heilende Energie* beschreibt Leonard Laskow unseren Körper als komplexe Ansammlung miteinander verwobener Energiefelder.

Und das gilt nicht nur für unseren physischen, sondern auch für unseren feinstofflichen Körper, den die meisten von uns nicht sehen können, der aber dennoch vorhanden ist.

Jeder Mensch ist ein Energiewesen mit einer bestimmten Schwingung, deren Frequenz von vielen Faktoren abhängig ist: allgemeiner Gesundheitszustand, Stress, Sorgen, Ärger, Angst und andere Emotionen. Doch nichts zieht unsere Schwingung so sehr herunter wie Selbsthass.

In seinem Buch *Power vs. Force* (dt. Titel: *Die Ebenen des Bewusstseins*) präsentiert David Hawkins eine Rangordnung der Schwingungsfrequenzen, die von bestimmten geistigen Zuständen und den entsprechenden Emotionen verursacht werden:

Zustand	**Wert**	**Emotion**
Erleuchtung	700–1000	reines Bewusstsein
Frieden	600	Glückseligkeit
Freude	540	heitere Gelassenheit
Liebe	500	Verehrung
Vernunft	400	Verständnis
Akzeptanz	350	Vergebung
Bereitwilligkeit	310	Optimismus
Neutralität	250	Vertrauen
Mut	200	Bejahung
Stolz	175	Verachtung
Wut	150	Hass
Verlangen	125	Gier
Furcht	100	Sorge
Trauer	75	Bedauern
Apathie	50	Verzweiflung
Schuld	30	Vorwurfshaltung
Scham	20	Erniedrigung

Wie man sieht, stehen Schuld und Scham ganz unten auf der Liste. Stellen Sie sich vor, wie Schuld, Scham oder beides auf Dauer Ihr Schwingungsniveau senken. Es ist daher nur natürlich, dass wir ein starkes Bedürfnis haben, sie aus unserem Energiefeld zu verbannen.

Vergebung und Akzeptanz hingegen stehen auf der Liste ganz weit oben, nahe oder sogar direkt an dem Punkt, der laut

David Hawkins den Übergang zu einer höheren Bewusstseinsebene markiert (350–400). Dies ist der Punkt des Übergangs vom gegenwärtigen, auf Angst basierenden Bewusstsein zu einem Bewusstsein, das auf Liebe und Harmonie gründet, des Wechsels von der dreidimensionalen zur multidimensionalen Realität. Und dieser Übergang findet statt, wenn die kritische Größe im kollektiven Bewusstsein erreicht ist und das Hundert-Affen-Prinzip seine Wirkung entfaltet.

David Hawkins spricht außerdem davon, dass jemand, der zwischen 350 und 400 schwingt, ein Gegengewicht zu etwa 200 000 Menschen bildet, deren Schwingungsenergie unter 200 liegt, was derzeit für die Mehrheit der Weltbevölkerung zutrifft. Wenn Sie das erkennen, können Sie durch diese Arbeit einen Beitrag leisten, der mehr bewirkt als nur Ihr eigenes persönliches Wachstum.

Es gibt jedoch eine wichtige Einschränkung. Das Ganze funktioniert nur, wenn Ihr gesamtes Bemühen um Selbstvergebung und Selbstakzeptanz auf *Radikaler* Vergebung beruht und nicht auf gewöhnlicher Vergebung. Gewöhnliche Vergebung basiert auf einem Opferbewusstsein, das eher zu den niedrigen Schwingungsebenen gehört.

Radikale Vergebung hingegen ist frei von Opferbewusstsein und bewirkt damit eine höhere Schwingungsenergie. Im ersten Kapitel geht es um diesen Unterschied und andere Definitionen, die Ihnen helfen, Klarheit in die Sache zu bringen.

Ich wünsche mir, dass dieses Buch hilfreich und befreiend für Sie ist und Ihnen neue Wege zu Freude und Glück eröffnet.

Herzlich,

Colin Tipping
im August 2008

ERSTER TEIL

Vergebung – ein Überblick

1 VORBEUGENDE VERGEBUNG

Ein Buch über Vergebung damit zu beginnen, wie man es vermeiden kann, vergeben zu müssen, mag seltsam erscheinen. Ein Großteil unseres Leidens könnte jedoch verhindert werden, wenn wir fähig wären, in bestimmten Situationen gar nicht erst verärgert zu sein oder uns angegriffen zu fühlen. Das ist mit »vorbeugender Vergebung« gemeint.

Ich bin nicht der Meinung, dass Vergebung durch eine rein gedankliche Entscheidung zu erreichen ist. Die Gründe dafür werde ich später erläutern. Ich glaube jedoch, dass man bewusst entscheiden kann, ob man sich in einer Situation als Opfer fühlt oder nicht. Dies hängt davon ab, wie man das, was einem geschieht, deutet – ob man es zu einer Geschichte von Tätern und Opfern macht oder nicht. (Dies gilt natürlich nicht für kleine Kinder.) Ein wichtiger Teil der Vergebung besteht darin, der Sache auf den Grund zu gehen und genau hinzuschauen: Wie deute ich, was mir im Leben zustößt?

Wenn es uns gelingt, im Augenblick des Geschehens zu erkennen, wie wir es auf eine ganz bestimmte Art und Weise deuten, können wir selbst entscheiden, ob wir uns darüber ärgern wollen oder nicht. Wir müssen diese Entscheidung jedoch sehr schnell treffen, bevor sich der erste Ärger verhärtet und zu etwas Dauerhaftem wird wie zum Beispiel Verstimmung oder gar Verbitterung.

Ärger kann etwas sehr Flüchtiges sein und schnell wieder verfliegen. Verbitterung hingegen hat die Tendenz, sich selbst zu verstärken, und führt dazu, dass wir uns im Kreise drehen. Wir erleben das, worüber wir uns geärgert haben, immer wieder und grübeln darüber nach, was wir hätten sagen oder tun sollen. Verbitterung lässt uns Rachegedanken ausbrüten oder dafür sorgen, dass die Schuldigen bestraft werden.

Verbitterung ist hartnäckig und kann nur durch Vergebung aufgelöst werden. Und dafür ist meiner Überzeugung nach nur Radikale Vergebung wirklich geeignet. Herkömmliche Vergebung reicht hier nicht aus (siehe Kapitel 2).

Ich sage nicht, dass diese Entscheidung leicht ist. Wenn wir uns entscheiden, ein Geschehen als empörend zu deuten, kann unsere Empörung durchaus aus der Überzeugung kommen, dass ein wichtiger Grundsatz verletzt wurde und es sozusagen unsere Pflicht ist, wütend oder aufgebracht zu sein. Wir fühlen uns im Recht. Sollen die Übeltäter, die uns so verletzt haben, etwa ungeschoren davonkommen?

Andererseits ist es gut möglich, dass unsere Empörung auf völlig unzutreffenden Informationen beruht. Das Ganze hat möglicherweise überhaupt nichts mit uns zu tun. Unter anderen Umständen würden wir uns vielleicht gar nicht darüber aufregen. Außerdem schadet zu viel Aufregung ohnehin der Gesundheit. Wie dem auch sei, wir haben die Wahl, ob wir aus dem, was geschehen ist, eine Opfergeschichte machen oder nicht.

Wenn wir etwas tun, was allgemein als falsch gilt, gehen wir natürlich davon aus, dass wir uns schuldig zu fühlen haben. In vielen Fällen ist unsere Schuld jedoch völlig unangebracht. Wir haben nichts getan, womit wir sie uns eingehandelt hätten (siehe Kapitel 6).

Wir entscheiden selbst, ob wir Schuld auf uns nehmen oder nicht. Ein wichtiger Schritt bei herkömmlicher ebenso wie bei Radikaler Vergebung besteht darin zu entscheiden, ob es angebracht ist, sich schuldig zu fühlen, oder nicht.

Diese Entscheidung ist bei der Radikalen Vergebung zwar eine völlig andere als bei der herkömmlichen Vergebung, bleibt aber immer unsere eigene Entscheidung. Wenn es uns gelingt, weniger empört zu sein, keine vorschnellen Urteile zu fällen und etwas weniger mit dem Finger auf andere Leute zu zeigen, kann unser Leben weitaus friedlicher verlaufen – und dann gibt es auch weniger zu vergeben.

Opferbewusstsein

Opfergeschichten sind nichts Ungewöhnliches. Wir können davon ausgehen, dass wir uns alle in vieler Hinsicht als Opfer sehen. Wir brauchen daher Vergebung, wie auch immer sie aussehen mag, um das Opferbewusstsein loslassen zu können.

Eine Opfergeschichte beruht auf der Überzeugung, dass wir auf eine bestimmte Weise von jemandem verletzt wurden und daher nicht in Frieden leben können. Die anderen sind für unser Unglück verantwortlich. All dies ist Teil dessen, was wir »Opferbewusstsein« nennen. Was können wir uns darunter vorstellen?

Opferbewusstsein ist eine Einstellung, die bewirkt, dass wir uns ständig als Opfer anderer sehen: unserer Mitmenschen, der Regierung, der Gesellschaft im Allgemeinen. Alles, was in unserem Leben nicht gut ist, hat seine Ursache in allem und jedem »da draußen«, statt »hier drinnen«. Auf uns selbst bezogen ist Opferbewusstsein die Überzeugung, dass »alles meine eigene Schuld« ist.

Entstehung des Opferbewusstseins

Ich bezweifle, dass das Opferbewusstsein ein Teil unserer frühen Stammeskultur war. Da das Überleben des Stammes auf Zusammenarbeit und gegenseitiger Abhängigkeit beruhte, konnte man es sich nicht leisten, Zeit damit zu vergeuden, sich gegenseitig zu beschuldigen und die Verantwortung auf andere abzuschieben. Wenn es Probleme gab, mussten sie unverzüglich innerhalb der Stammesgemeinschaft gelöst werden. Wahrscheinlich war man mit dem Prinzip vorbeugender Vergebung bestens vertraut.

Mit dem Aufkommen von Stadtstaaten vor etwa 15 000 Jahren wurde alles anders. Wo früher einvernehmliche Zusammenarbeit möglich gewesen war, hatten nun wenige Macht und Einfluss über viele. Das Volk verlor seine Autonomie, wurde ausgebeutet und entmachtet. Das Opferbewusstsein wurde zur vorherrschenden Lebensform. Daran hat sich bis heute nichts geändert.

Opferbewusstsein basiert auf Angst. Es führt zu Kriegen, Kämpfen, Gier, Eifersucht und all jenen Dingen, die dem Frieden und der Harmonie in der Welt entgegenstehen. Es entmachtet nicht nur die Opfer und die Unterdrückten, sondern auch diejenigen, die ihre Mitmenschen zu Opfern machen und Macht über sie ausüben. Opferbewusstsein vergiftet das Leben, körperlich, emotional und spirituell.

Das Bedürfnis nach Vergebung

Noch vor zwanzig Jahren war das Interesse an Vergebung relativ gering. Das lag sicher auch daran, dass man dachte, um wirklich vergeben zu können, müsse man fast ein Heiliger sein. Für gewöhnliche Menschen war es jedenfalls zu viel verlangt. Dies hat sich jedoch geändert. Mittlerweile sind wir uns alle einig, dass jeder Mensch zumindest versuchen sollte zu vergeben. Wir wissen, dass Vergebung gut für uns ist.

Selbst wenn weiterhin unklar ist, wie man Vergebung erlangt, sind ihre positiven Auswirkungen unbestritten. Es gilt mittlerweile als sicher, dass ein Festhalten an Ärger und Verbitterung sehr schlecht für die Gesundheit ist und schwere Erkrankungen wie Krebs und andere hervorrufen kann, ganz zu schweigen von weniger lebensbedrohlichen, aber sehr unangenehmen Nebenerscheinungen. Verbitterung ist hochgiftig.

Eine weitere positive Auswirkung des Vergebens ist, dass man seine Energie anschließend auf die Gegenwart konzentrieren kann, statt an der Vergangenheit festzuhalten. An Verbitterung festzuhalten ist eine gewaltige Energieverschwendung. Wenn Sie vergeben, erhalten Sie diese Energie zurück und können sie verwenden, um Ihr Leben so zu gestalten, wie Sie es sich in Zukunft wünschen. Zweifellos werden sich dadurch auch Ihre zwischenmenschlichen Beziehungen, zu Hause wie am Arbeitsplatz, verbessern, weil der Umgang mit Ihnen nun sehr viel angenehmer ist.

2 HERKÖMMLICHE VERGEBUNG

Dies ist die Form von Vergebung, mit der wir aufgewachsen sind und die wir, weil sie so schwierig ist, weiterhin für etwas halten, das wenigen Menschen vorbehalten ist. Obwohl wir alle zu wissen glauben, was Vergebung bedeutet, ist der Begriff zumeist alles andere als klar.

Das Wörterbuch definiert Vergebung als »Loslassen von Zorn und Kränkung« und »Aufgeben von Rachegedanken.« Aber die Frage ist: Wie lässt man los? Gibt es eine Methode, die uns hilft, die Vergangenheit auf sich beruhen lassen? Ein Patentrezept gibt es nicht.

Vergebung ist häufig gleichbedeutend mit Entschuldigung. Doch können wir eine Schuld überhaupt vergeben? Das liegt nicht in unserer Macht. Es wäre eine Anmaßung, sich einzubilden, man könne die Schuld anderer vergeben.

Wir sagen: »Vergeben und vergessen.« Doch wie kann man etwas vergessen, das sich quasi ins Gedächtnis gebrannt hat. Sinnvollerweise müsste es heißen: »Vergeben und erinnern.« Denn nur, wenn wir uns erinnern, können wir lernen, Fehler nicht zu wiederholen.

Robert Enright und die Studiengruppe Menschliche Entwicklung (1991) definierten Vergebung so:

»Nicht nur der Entschluss oder die Entscheidung, das eigene Recht auf Zorn und negative Urteile aufzugeben, sondern auch die Notwendigkeit, diese durch Mitgefühl, Großzügigkeit und Liebe zu ersetzen.«

Sich in Gedanken zu entschließen, die eigene Wut aufzugeben und sie durch Mitgefühl zu ersetzen, ist eine Sache. Dies auch umzusetzen, ist etwas völlig anderes. Emotionen werden vom limbischen System gesteuert, nicht von der Großhirnrinde. Mit Gedanken allein können wir nicht entscheiden, welche Gefühle wir haben und welche nicht. Mitgefühl ist keine freie Entscheidung. Man kann sich ebenso wenig entschließen, Mitgefühl zu haben, wie man den Entschluss fassen kann, jemanden zu lieben. Mitgefühl ist entweder da oder nicht.

Paul T. P. Wong sagt über Vergebung: »Im Herzen der Vergebung liegt der Wandel unserer Einstellung und unserer Gefühle, unserer Gedanken und aller rechtmäßigen Ansprüche. Wir allein entscheiden aus freien Stücken, nicht mehr nachtragend zu sein und alle Rachegelüste aufzugeben. Es ist das aufrichtige Bemühen einer verletzten Person, den Angreifer in einem neuen, positiveren Licht zu sehen.

Wir vergeben unseren Feinden, indem wir Mitgefühl für sie haben, und zwar unseren natürlichen Gefühlen der Bitterkeit, der Feindseligkeit und der Angst zum Trotz. Vergebung ist ein freiwilliger, bewusster Akt: Wir sehen über die Fehler und Schwächen unserer Feinde hinweg, tilgen alle ihre Schulden und schlagen ein neues Kapitel auf. Dies ist ein äußerst ehrgeiziges Vorhaben.« Dies ist eine sehr schöne und eloquente Erklärung, aber sie zeigt uns keine praktische Methode auf.

Die Absicht zu vergeben scheint nicht so sehr das Problem zu sein. Die Frage ist, wie man es anstellen kann. Niemand kann uns wirklich sagen, wie man Vergebung leben kann oder wie man sie erkennt, wenn man ihr begegnet.

Charles Griswold, Professor für Philosophie an der Boston

University und Autor eines Buches mit dem Titel *Forgiveness* (»Vergebung«), geht noch einen Schritt weiter. Er besteht darauf, dass es eine *Gegenseitigkeit* zwischen dem Verletzten und dem Verletzenden geben muss. Zur Vergebung gehören zwei. Damit echte Vergebung stattfinden kann, sagt Professor Griswold, muss der Täter eine Entschuldigung anbieten, und die muss angenommen werden. Ohne eine wie auch immer geartete Wiedergutmachung oder Genugtuung vonseiten des Täters kann man nicht von Vergebung sprechen, meint er.

Pater William Meninger, Trappistenmönch aus Snowmass, Colorado, sagt das genaue Gegenteil. Er geht davon aus, dass Vergebung im Wesentlichen etwas ist, was wir für uns selbst tun müssen, unabhängig davon, ob der Täter irgendeine Art von Reue zeigt. Vergebung vollzieht sich im Innern.

Dem stimme ich zu. Ich würde sogar noch hinzufügen, dass es der Gipfel der Arroganz ist, jemandem zu sagen, dass man ihm vergibt. Die Person, der Sie so großzügig vergeben, ist sich möglicherweise nicht einmal bewusst, dass sie Ihnen etwas angetan hat. Diese Art von »Vergebung« ist nichts weiter als ein Manipulationsversuch und wird bei der anderen Person wahrscheinlich auf Ablehnung stoßen.

Die Definition von Charles Griswold nimmt dem Vergebenden regelrecht die Möglichkeit zu handeln, weil sie die Vergebung vom Täter abhängig macht. Dies verstärkt das Opferbewusstsein und macht das Opfer machtlos, versetzt es sogar in die Lage, sagen zu müssen: »Ich könnte ja vergeben. Doch du lässt es nicht zu.« Oder: »Weil du nicht vergibst, kann ich mich nie von diesen Schmerzen befreien.« Und was ist, wenn die Person nicht mehr lebt? Gibt es dann keine Vergebung? Wohl kaum.

Der Verwirrung liegt meiner Ansicht nach eine Vermischung von zwei Begriffen zugrunde: Vergebung und Versöhnung. Bei der Vergebung kommt es definitiv nur auf denjenigen an, der vergibt, während Versöhnung sicherlich auf Gegenseitigkeit beruhen muss. Sowohl der Verletzte als auch derjenige, der verletzt, müssen die Absicht haben, sich zu versöhnen. Beide Parteien müssen erkennen, dass einer von beiden verletzt wurde, und beide müssen den Wunsch haben, die Wunden zu heilen und die Beziehung zu reparieren.

Bei der Versöhnung ist das Opfer bereit, seinen Zorn und sein Bedürfnis nach Rache aufzugeben, und der Täter wird durch das Angebot einer Entschuldigung oder Wiedergutmachung seiner Schuld enthoben. Man kann annehmen, dass der Täter sich dabei auch selbst vergeben muss. Die Vereinbarung zur Versöhnung kann außerdem eine Art Wiedergutmachung oder sogar Entschädigungszahlungen beinhalten.

Wenn ein Ehepaar versucht, die zerbrochene Beziehung wieder zu heilen, um die Ehe zu retten, ist wahrscheinlich eher Versöhnung als Vergebung gefragt, selbst wenn einer von beiden etwas getan hat, für das Vergebung nötig wäre. Doch um aus der Beziehung wieder eine funktionierende Partnerschaft entstehen zu lassen, ist ein Geben und Nehmen erforderlich, das eher zur Versöhnung als zur Vergebung gehört.

Im Rahmen einer Versöhnung ist es oft erforderlich, dass man sich selbst und dem anderen vergibt. Das ist umgekehrt nicht der Fall. Versöhnung ist keine Voraussetzung für Vergebung.

Neben der Versöhnung gibt es viele andere Begriffe, die oft mit Vergebung verwechselt werden und zur Begriffsverwirrung beitragen. Worte wie Straffreiheit, Billigung und Entschuldigung werden oft im Zusammenhang mit Vergebung verwendet und verwässern die Bedeutung dieses Begriffes oft bis zu einem Punkt, an dem man nur noch von Pseudovergebung sprechen kann.

Wenn es schon so schwierig ist, sich auf eine Definition des Begriffes Vergebung (für andere) zu einigen, um wie viel problematischer muss es dann sein, wenn es um Selbstvergebung geht. In den folgenden Kapiteln werden wir einigen Problemen, die wir mit Selbstvergebung haben, auf den Grund gehen.

Die Diskussion über das Wesen der Vergebung wird wohl noch lange weitergeführt werden, doch in einem Punkt ist man sich weitgehend einig: Herkömmliche Vergebung ist extrem schwierig, und nur sehr wenigen Menschen gelingt es jemals, sie zu praktizieren. Einen Beweis dafür braucht es kaum. Wir brauchen nur in unserem eigenen Leben zu schauen, was passiert, wenn wir die Absicht haben, jemandem zu vergeben. Wirkliche Vergebung ist so selten, dass Menschen, denen sie tatsächlich gelingt, häufig Prominentenstatus erhalten und in Talkshows auftreten.

Ein Beispiel dafür ist die Frau, die in einer großen US-Talkshow zu Gast war und dort berichtete, sie habe dem Mörder ihres Sohnes vergeben. Nicht nur das, sie hat ihn sogar mehrmals in seiner Todeszelle besucht und ihn zum Essen in ihr Haus eingeladen. Oprah Winfrey, die Gastgeberin der Talkshow, machte keinen Hehl daraus, dass sie dies kaum glauben konnte. Ich nehme an, dass es 99,9 Prozent ihrer Zuschauer genauso ging. Ich nenne diese Art von Vergebung *außergewöhnliche Vergebung*, denn sie ist extrem selten.

Paul T. P. Wong fasst das Problem der herkömmlichen Vergebung folgendermaßen zusammen: »Vergebung ist nicht möglich, ohne das innere Ringen, das damit verbunden ist, alle Verbitterung und alle schmerzhaften Erinnerungen loszulassen. Dies ist häufig ein langer und schwieriger Prozess, da die alten Wunden oft viele Jahre lang nicht heilen. Vergebung braucht Zeit und ist mit harter Arbeit verbunden.«

Ich glaube, der Grund, warum es so lange dauert und so schwierig ist, besteht darin, dass wir bei der herkömmlichen Vergebung versuchen, zwei widersprüchliche Energien auszugleichen: den Wunsch zu vergeben und das Bedürfnis zu verurteilen. Das liegt daran, dass wir bei der herkömmlichen Vergebung mit beiden Beinen fest im Opferbewusstsein stehen bleiben.

Bei der herkömmlichen Vergebung wird vorausgesetzt, dass der Täter dem Opfer etwas »Böses« getan und das Opfer in der Folge darunter gelitten hat. Das Bedürfnis, die andere Person zu beschuldigen und verantwortlich zu machen, bleibt sehr stark erhalten, ganz gleich, wie stark der Wunsch nach Vergebung ist.

Es scheint mir, dass Vergebung so gut wie unmöglich ist, solange man sich aufgrund dessen, was passiert ist, als Opfer fühlt. Für die meisten Menschen steht dies jedoch außer Frage. Ich habe keinen Zweifel, dass diese beiden Energien nicht miteinander in Einklang gebracht werden können. Das erklärt, warum nicht nur Oprah Winfrey kaum glauben konnte, dass es dieser Frau gelungen war. Ich konnte es auch nicht glauben. Das Bedürfnis zu verurteilen ist in 99,9 Prozent aller Fälle stärker.

In den kommenden Kapiteln werden wir einige begriffliche und existenzielle Fragen behandeln, die mit Selbstvergebung zu tun haben. Ich bin froh, dass keines dieser Probleme mit Definition oder Methodik die Radikale Vergebung betrifft. Da Radikale Selbstvergebung und Selbstakzeptanz auf den gleichen Prinzipien beruhen, sind auch sie nicht von diesen Problemen betroffen.

Im dritten Teil werde ich genau erklären, was es mit der Radikalen Vergebung auf sich hat, vor allem hinsichtlich der Selbstvergebung. Doch fürs Erste soll eine kurze Beschreibung der Merkmale genügen, die diese Form der Vergebung von der herkömmlichen Vergebung unterscheidet.

3 RADIKALE VERGEBUNG

Diese Form von Vergebung ist etwas völlig anderes als die herkömmliche Vergebung, sowohl in Bezug auf die Grundvoraussetzungen als auch hinsichtlich der Schnelligkeit und Leichtigkeit, mit der positive Ergebnisse erzielt werden können. Die Merkmale der Radikalen Vergebung sind:

a) Sie erfordert keine besonderen Begabungen oder Fähigkeiten. Jeder kann sie praktizieren, selbst die größten Skeptiker. Sie funktioniert immer. Radikale Vergebung basiert auf der Annahme, *dass es keinen Zufall gibt und dass unsere Seele die Geschicke unseres Lebens zugunsten unserer spirituellen Entwicklung bestimmt hat.* Es ist aber nicht notwendig, daran zu glauben. Erforderlich ist nur die Bereitschaft, die Möglichkeit, dass es so sein könnte, zuzulassen.

b) Da sich all dies auf der Energieebene abspielt, geschieht es jenseits der Grenzen von Zeit und Raum. Was die Radikale Vergebung für alle Beteiligten sowie für die Ereignisse, die ursprünglich zu den Verstimmungen geführt haben, bewirkt, ist nicht an Zeit und Entfernungen gebunden.

c) Es gibt bei der Radikalen Vergebung keinen zwangsläufigen Konflikt zwischen dem Bedürfnis zu verurteilen und dem

Wunsch zu vergeben, da aus spiritueller Sicht nichts Falsches passiert ist und es daher nichts zu vergeben gibt. Es gibt keine Verurteilung. Deswegen ist auch keine Vergebung erforderlich. Darum geht es überhaupt nicht.

d) Aus diesen Gründen befreit uns die Radikale Vergebung vom Opferbewusstsein. Aus spiritueller Sicht gibt es keine Opfer und keine Täter – nur Lehrer und Lernende.

e) Anders als die herkömmliche Vergebung beinhaltet die Radikale Vergebung eine einfache, bewährte und praktische Methodik. Sie stellt Werkzeuge zur Verfügung, mit denen jeder, der es möchte, einen radikalen Vergebungsprozess durchlaufen kann oder auch mehrere – jederzeit, überall und aus allen möglichen Gründen.

Die Werkzeuge sind unkompliziert und einfach anzuwenden. Sie erfordern kein Training und keine besonderen Fähigkeiten. Bei ihrer Anwendung spielt der Verstand nur eine Nebenrolle. Die eigentliche Vergebung spielt sich nicht auf der gedanklichen Ebene ab. Radikale Vergebung wird von unserer spirituellen Intelligenz bewirkt, einem Teil von uns, der unser wahres Wesen kennt und direkt mit der universellen Intelligenz verbunden ist. (Wenn Sie Ihre universelle Intelligenz als Gott bezeichnen, stimmen Sie mit den meisten Weltreligionen überein, die alle davon ausgehen, dass nur Gott uns vergibt, nicht wir selbst.) In diesem Sinne könnte man sagen, dass die Werkzeuge der Radikalen Vergebung eine weltliche Form des Gebets sind. Sie funktionieren aber auch für Atheisten und Agnostiker. Niemand ist ohne spirituelle Intelligenz. Jeder besitzt sie zu einem bestimmten Grad.

f) Bei der Radikalen Vergebung liegt die Entscheidung, loszulassen, den Groll aufzugeben, Mitgefühl zu empfinden und all die anderen Dinge zu tun, die man angeblich zu tun hat, nicht bei Ihnen selbst (Ihrem Ego). All dies geschieht automatisch, wenn Sie von ihren Werkzeugen Gebrauch machen.

g) Die Werkzeuge führen Sie durch fünf Phasen:

1. die Geschichte erzählen
2. sich auf Gefühle einlassen
3. die Geschichte auseinandernehmen
4. die Geschichte neu fassen
5. den Wandel integrieren

Die ersten drei Phasen sind allen, die mit herkömmlicher Vergebung vertraut sind, bekannt, während die beiden letzten Radikale Vergebung als etwas völlig anderes auszeichnen. Sie entspringen einer völlig anderen Weltsicht und machen Radikale Vergebung zu mehr als Vergebung. Wer sie erlebt, sieht die Welt mit anderen Augen und öffnet sich für eine völlig neue Einstellung dem Leben gegenüber. Im vierten Teil werden wir die einzelnen Phasen im Detail vorstellen.

4 SELBSTVERGEBUNG IST KEINE LEICHTE SACHE

Wenn Sie der Meinung sind, dass schon gewöhnliche Vergebung (für andere) nicht gerade einfach zu definieren ist, können Sie sich bestimmt vorstellen, welche Schwierigkeiten es mit der Selbstvergebung gibt, auch wenn das Problem mit der Gegenseitigkeit dabei keine Rolle spielt. Oder vielleicht doch?

Bei der Selbstvergebung dreht sich alles um eine einzige Person, und das allein ist schon ein Problem. Denn der Begriff »Vergebung« scheint ja zu beinhalten, dass es jemanden gibt, der vergibt, und jemanden, dem vergeben wird. Damit Vergebung überhaupt Sinn macht, erfordert sie ein Subjekt (jemanden, der vergibt) und ein Objekt (jemanden, dem vergeben wird).

Wenn wir anderen vergeben, wird diese Voraussetzung erfüllt, es gibt es also kein Problem. Bei der Selbstvergebung ist dies jedoch anders. Der, der vergibt, (Subjekt) und der, dem vergeben wird, (Objekt) sind ein und dieselbe Person.

Logisch betrachtet ist dies ein Problem. Subjekt und Objekt können nur im Verhältnis zueinander existieren. Daher ist es unmöglich, dass beide miteinander identisch sind.

Wenn wir also davon sprechen, »uns selbst zu vergeben«, wer vergibt dann und wem wird vergeben? Und an wen oder was wenden wir uns, wenn wir uns selbst um Vergebung bitten?

Bei der Selbstvergebung ist dies ist keine rein philosophische, sondern eine durchaus praktische Frage. Wenn man gleichzeitig derjenige ist, der vergibt und dem vergeben wird, ist es so, als wäre man Kläger, Richter, Geschworener, Zeuge und Verteidiger, alles zur gleichen Zeit.

Es ist daher nicht einfach, ein vernünftiges Gespräch mit all den verschiedenen Parteien anzufangen und praktisch unmöglich, Klarheit in die Auseinandersetzung zu bringen, wenn man nicht einmal weiß, wer jeweils gerade zu wem spricht. Das heißt, wir müssen erst einmal definieren, wer wir »selbst« eigentlich sind.

Sobald wir beginnen, eine Definition für das Selbst oder Ich zu finden, wird sehr schnell klar, dass es so etwas wie ein einheitliches Ich gar nicht gibt. Wir bestehen vielmehr aus einer ganzen Gemeinschaft von »Ichs«. Und wenn wir denken, diese seien alle einer Meinung, haben wir uns gründlich getäuscht. Sie haben es womöglich alle auf etwas anderes abgesehen. Das heißt, dass sie in jedem Moment völlig unterschiedliche, wenn nicht sogar entgegengesetzte Argumente vorbringen. Der innere Konflikt, der sich in unseren Köpfen abspielt, kann bisweilen überwältigend sein.

Wir können uns die vielen Teile des Selbst als archetypische Subpersönlichkeiten vorstellen, die alle ihre eigene Art des Denkens und Handelns haben. Unsere Ichs können alle möglichen Formen annehmen: der kritische Übervater, der gelehrte Professor, die Prinzessin auf der Erbse, der ewigen Komiker, der neugierige Schnüffler, der strenge Chef, die Jungfrau in Nöten, der edle Ritter, der arrogante Snob und viele mehr. Jeder dieser Typen kann jederzeit in den Vordergrund treten und je nach Situation die Vorherrschaft übernehmen.

Wenn wir uns beispielsweise emotional verletzlich fühlen, kommt vielleicht der Komiker in uns zum Vorschein und schützt uns vor möglichen Verletzungen. Es kann sehr wirkungsvoll sein, einen Witz zu reißen, wenn es darum geht, von einer vermeintlichen Attacke abzulenken und bestimmte Gefühle zu vermeiden. Wenn wir uns gern um andere kümmern und eine Jungfrau in Nöten sehen, erwacht sofort der edle Ritter in uns und vollbringt selbstlose Taten. Die Prinzessin zeigt sich am ehesten in Situationen, die unbewusste Erinnerungen an Zeiten auslösen, in denen sie von ihrem Vater wie eine Prinzessin behandelt wurde.

Weitere Typen unseres Ichs wurden geboren, als es darum ging, unsere frühe Kindheit zu überleben. Wir nennen sie »Überlebenspersönlichkeiten«. Dieser Begriff wurde von Roberto Assagioli geprägt, einem italienischen Psychologen, der zu Beginn des 20. Jahrhunderts ein spirituell orientierte Spielart der Psychotherapie entwickelte, die er »Psychosynthese« nannte. *(Psychosynthese und Radikale Vergebung haben hinsichtlich ihrer Heilweisen sehr viel gemeinsam.)* Roberto Assagioli hat mir gezeigt, dass wir nicht nur ein einzelnes inneres Kind in uns haben, wie es häufig populär dargestellt wird, sondern eine ganze Reihe von Subpersönlichkeiten.

Die meisten dieser Subpersönlichkeiten wurden aus dem Bedürfnis heraus geschaffen, früh erlittenen Verletzungen zu heilen oder zumindest zu überleben, oder um unsere vermeintlichen Unzulänglichkeiten – die Grundlage unseres verletzten Selbstwertgefühls – zu kompensieren. Dies hat zweifellos erhebliche Auswirkungen, sowohl auf die Selbstakzeptanz als auch auf die Selbstvergebung. Und das ist wahrscheinlich noch nicht alles.

Die Verwundungen, die zur Erschaffung von Überlebenspersönlichkeiten führen, können einem Menschen durch schweren körperlichen und/oder sexuellen Missbrauch zugefügt werden oder auch einfach dadurch, dass er nicht als derjenige anerkannt wird, der er ist. Auch wer in scheinbar gesunden Familienverhältnissen aufgewachsen ist, kann tiefe Wunden davongetragen haben, weil ihm oder ihr aus verschiedenen Gründen oder als Form der Disziplinierung immer wieder die Liebe entzogen wurde. Eine solche Verwundung kann sehr subtil sein und wird von Menschen, die nicht zur Familie gehören, meist gar nicht wahrgenommen.

Assagioli hat gezeigt, dass wir eine *empathische Verbindung* mit jeder dieser Subpersönlichkeiten eingehen müssen, wenn wir diese Wunden heilen und unser ganzes Potenzial entwickeln wollen. Auf diese Weise können sie sich alle zeigen, verstanden und schließlich akzeptiert werden.

Dies ist der Arbeit am »inneren Kind«, die in den Achtzigerjahren sehr populär war, sehr ähnlich. Diese Arbeit geht davon aus, dass das verwundete Kind in uns in bestimmten Situationen wach wird und wir dann mit dem Bewusstsein unseres verwundeten Kindes, statt mit unserem Erwachsenenbewusstsein handeln.

Im zweiten Teil werde ich mein eigenes Modell der unterschiedlichen Subpersönlichkeiten vorstellen. Das Konzept der Subpersönlichkeiten erinnert manche vielleicht an krankhafte Persönlichkeitsstörungen, also an etwas, das nur Menschen haben, die als Kinder psychisch schwer geschädigt wurden. Damit hat das folgende Modell nichts zu tun. Es kann auf jeden Menschen, der diesen Planeten bewohnt, angewendet werden.

ZWEITER TEIL

Die Struktur des Selbst

5 DIE ICH-ANTEILE

Unser Ich ist kein einziges, einheitliches Wesen, sondern eher eine ganze Gruppe verschiedener Charaktere. Bevor wir uns wirklich vergeben und akzeptieren können, auch im radikalen Sinne, müssen wir die Teile von uns besser kennenlernen, die zu bestimmten Zeiten den alleinigen Anspruch erheben, wir »selbst« zu sein.

Es ist jedoch wichtig, zwischen dem spirituellen ICH BIN und unserer menschlichen Identität zu unterscheiden. Denn obwohl diese beiden fundamental verschieden sind, stehen sie in enger Verbindung miteinander.

Das »ICH BIN-Selbst«

Dies ist das Selbst, das über allen anderen steht und dessen wir uns wahrscheinlich am wenigsten bewusst sind. Es wird oft »der Beobachter« genannt, da es die menschliche Identität (das, was wir als unser Dasein empfinden) beobachtet. Das ICH BIN ist unser spirituelles oder höheres Selbst. Man kann es auch als die Essenz unserer Seele bezeichnen.

Wie auch immer man es nennt, es ist das Selbst, das noch mit dem Göttlichen verbunden ist oder mit Allem-was-Ist. In diesem Sinne ist es kein individuelles Selbst, da wir in der Welt des Geistes alle eins sind, verbunden mit allem uns jedem, einschließlich des Göttlichen. Das ICH BIN weiß, dass es kein Richtig und kein Falsch, kein Gut und kein Böse gibt, und identifiziert sich in keiner Weise damit, wie sich mein Leben entfaltet und was sich darin jeweils abspielt. Es beobachtet einfach und liebt mich, was auch immer kommen mag.

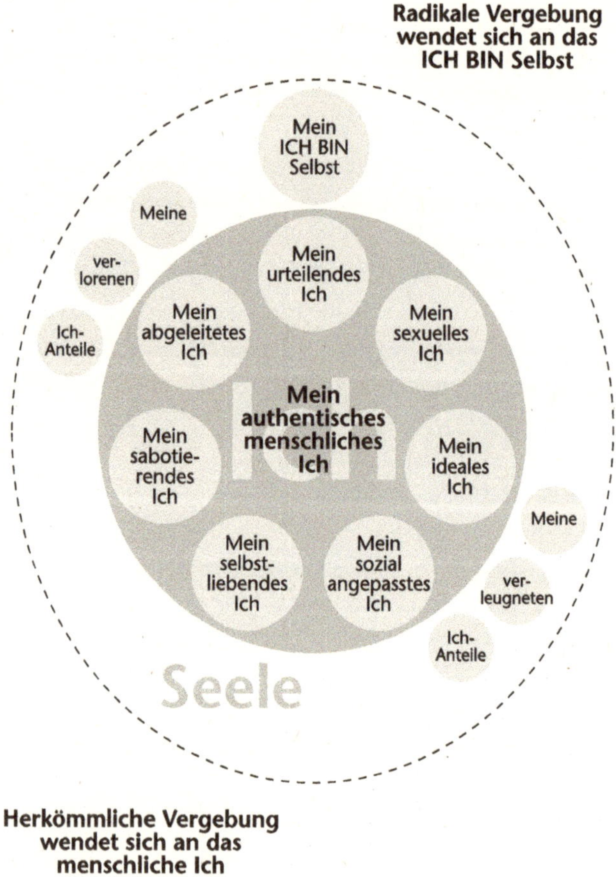

Das ICH BIN ist das, worauf sich einige beziehen, wenn sie sagen: »Ich bin ein spirituelles Wesen, das eine menschliche Erfahrung macht.« Ich ziehe es vor zu sagen, dass wir *spirituelle Wesen sind, die eine spirituelle Erfahrung in menschlicher Gestalt machen*. Dies setzt voraus, dass wir aus einem ganz bestimmten Grund hier sind.

(Ich werde im dritten Teil noch näher darauf eingehen, hier nur so viel: Es ist meine Überzeugung, dass uns die Möglichkeit geschenkt wurde, unser Bewusstsein für die Einheit mit dem Göttlichen durch unser Dasein auf der Erde zu verstärken, da wir hier das genaue Gegenteil dieser Einheit erfahren: die Trennung. Wie wir unser Leben im Einzelnen einrichten, um diese Trennung am eigenen Leib spüren zu können, ist Gegenstand des vierten Teils. Eines jedenfalls ist klar: Wir brauchen einen Körper und eine ganz und gar menschliche Identität.)

Die menschliche Identität

Dies ist mein Wesen als Mensch, individuell und unverwechselbar, das sich in der Welt als Ich in all meinen vielen Verkleidungen – Archetypen und Subpersönlichkeiten – zeigt. Es ist das Ich, das von meinem ICH BIN beobachtet und unterstützt wird. Es spürt den ganzen Trennungsschmerz, der damit verbunden ist, ein spirituelles Wesen in einem menschlichen Körper zu sein, und es ist gewillt, diesen Schmerz auf sich zu nehmen, weil er das Potenzial für Wachstum in sich birgt. Dieses Ich hat mehrere Aspekte.

Das authentische Ich

Dies ist der Teil meines Wesens, der mein natürliches Dasein als Mensch zum Ausdruck bringt. Er ist, was ich im Grunde meines Wesens bin, mein grundlegender Charakter, meine genetische Veranlagung, einschließlich meiner guten und schlechten Seiten. Er ist der Kern meiner Persönlichkeit. Vorausgesetzt, ich werde in meiner frühen Kindheit nicht durch traumatische Erlebnisse drastisch verändert und durch schwerwiegende Verwundungen in viele Subpersönlichkeiten aufgespalten, bleibe ich mein Leben lang mehr oder weniger dieselbe Person.

Forschungsübung 1: Das authentische Ich zeigt sich als …

Stellen Sie sich vor, Sie sollten sich jemandem, dem Sie noch nie begegnet sind und mit dem Sie noch nie etwas zu tun hatten, in allen Einzelheiten beschreiben.

Beschreiben Sie in Ihrem Tagebuch oder einem persönlichen Notizbuch Ihr authentisches (wahres) Ich, und zwar so, dass die Person, die Ihre Aufzeichnungen liest, ein gutes Gefühl für Ihr natürliches Wesen bekommt. Schreiben Sie die Wahrheit darüber, wer Sie im innersten Wesen sind, schildern Sie Ihren grundlegenden Charakter und das Wesentliche, was Sie in dieser Welt verkörpern.

Verwenden Sie die folgende Liste von Eigenschaften. Wählen Sie aus, was am ehesten auf Sie zutrifft, und nehmen Sie das als Ausgangspunkt für Ihre ausführliche Beschreibung. Sie werden staunen, wie wenig Sie über sich selbst wissen.

Ich bin		Anmerkungen
☐	introvertiert	
☐	extrovertiert	
☐	gesprächig	
☐	schweigsam	
☐	ein sonniges Gemüt	
☐	melancholisch	
☐	intellektuell	
☐	emotional	
☐	erregbar	
☐	beherrscht	
☐	eine Führungspersönlichkeit	
☐	ein guter Helfer	
☐	ein Gruppenmensch	
☐	ein Einzelgänger	
☐	manipulierend	
☐	couragiert	
☐	ängstlich	
☐	verführerisch	
☐	schüchtern	
☐	nervös	
☐	selbstverliebt	
☐	analytisch	
☐	großzügig	
☐	griesgrämig	
☐	geizig	
☐	streitsüchtig	
☐	neugierig	
☐	leidenschaftlich	
☐	begriffsstutzig	
☐	theatralisch	

- ☐ verträumt
- ☐ ehrgeizig
- ☐ eine Spielernatur
- ☐ sexy
- ☐ hegend und pflegend
- ☐ nicht nachtragend
- ☐ geradeheraus
- ☐ ehrgeizig
- ☐ unentschlossen
- ☐ unverbindlich
- ☐ praktisch veranlagt
- ☐ gehorsam
- ☐ rebellisch
- ☐ misstrauisch
- ☐ vertrauensselig
- ☐ sorgfältig
- ☐ unflexibel
- ☐ energisch
- ☐ optimistisch
- ☐ pessimistisch
- ☐ ausdauernd
- ☐ graziös
- ☐ tollpatschig
- ☐ voller Vorurteile
- ☐ fleißig
- ☐ faul
- ☐ . . . .
- ☐ . . . .
- ☐ . . . .
- ☐ . . . .
- ☐ . . . .

Das abgeleitete Ich

Wir unterscheiden zwischen dem authentischen, wahren Ich und dem abgeleiteten Ich, das reflektiert, wie wir uns selbst *wahrnehmen*. Doch auch das abgeleitete Ich kann einen enormen Einfluss auf unser Leben haben.

Mein abgeleitetes Ich ist ein Selbstgefühl, das sich aufgrund der Resonanz bildet, die ich von anderen über mich bekomme. Wenn ich beobachte, wie andere auf mich reagieren, sage ich mir: *»Wenn ich so gesehen und behandelt werde, dann muss ich … sein.«*

Es gibt zwar Menschen, die sich mutterseelenallein auf außerordentliche Expeditionen begeben, um aus sich selbst heraus zu entdecken, wer sie sind, aber für gewöhnlich lernen wir uns selbst dadurch kennen, dass unsere Mitmenschen uns wissen lassen, was sie von uns denken.

Wenn andere mich ständig meiden, nehme ich irgendwann an, dass ich nicht sehr liebenswert bin. Wenn andere mich häufig herumkommandieren, könnte ich annehmen, dass ich nicht sehr stark oder keine Führungspersönlichkeit bin. Wenn andere gern in meiner Nähe sind und ständig über meine Witze lachen, gehe ich davon aus, dass ich ein amüsanter, angenehmer Zeitgenosse bin. Wenn Frauen gern mit mir flirten und meine körperliche Nähe suchen, halte ich mich für begehrenswert.

Es kommt auf die Stimmigkeit von Selbst- und Fremdwahrnehmung an. Wenn meine Mitmenschen in einer Weise auf mich reagieren, welche die Wahrnehmung meines authentischen Ich verstärkt, fühle ich mich bestätigt. Wenn sie andererseits ständig in einer Weise auf mich reagieren, die völlig an dem vorbeigeht, der ich wirklich bin, fühle ich mich verkannt und missverstanden. Ich werde unsicher und ärgerlich.

Bei Jugendlichen in der Pubertät wird dies besonders deutlich, und eventuelle Unstimmigkeiten können bei ihnen zu enormen Schmerzen und Verwirrungen führen. Da sie in diesen Jahren dabei sind, eine Vorstellung von sich selbst zu entwickeln, registrieren sie ständig, wie andere sie behandeln, und ziehen daraus Schlussfolgerungen darüber, wer sie sind. Um die Verwirrung noch weiter zu treiben, erhalten sie ständig widersprüchliche Rückmeldung, je nachdem, mit wem sie gerade zusammen sind – Eltern, Gleichaltrige, Lehrer, andere Autoritätspersonen …

Man kann sich vorstellen, wie sich Sklaven kollektiv und als Einzelpersonen wahrgenommen haben, nachdem sie über Generationen als Besitz anderer behandelt worden waren – gekauft und verkauft, gefoltert, missbraucht und von ihren Mitmenschen schlimmer behandelt als Hunde. Die Geschichte von Völkern, die versklavt wurden, zeigt, dass sie auch noch viele Generationen nach ihrer Befreiung unter niedrigem Selbstwertgefühl leiden.

Wir können von verschiedenen Menschen unter jeweils anderen Umständen völlig unterschiedliche Reaktionen bekommen. Möglicherweise bekommen wir eine Zeit lang sehr positive Rückmeldungen über uns selbst, und später, wenn wir mit anderen Menschen zusammen sind, ist es das ganze Gegenteil. Das kann sehr verwirrend sein.

Es liegt im Wesen unseres abgeleiteten Ich, dass es sich ständig im Fluss befindet. Im Gegensatz zum wahren Ich verändert es sich. Allein aus diesem Grund ist es geeignet, Ungewissheit und Verwirrung in uns hervorzurufen und im Laufe der Zeit noch zu verstärken.

Je unsicherer wir werden, desto empfänglicher werden wir für das Urteil anderer und desto wahrscheinlicher werden wir versuchen, jemand zu sein, der wir nicht sind. Wir denken ständig darüber nach, was andere von uns halten, und versuchen, von ihnen Bestätigung zu bekommen. Dadurch werden wir sehr anfällig für Schuldzuweisungen, Demütigungen und Beschämungen.

Wissen ist Macht – Selbsterkenntnis ist Weisheit. Wenn wir unser abgeleitetes Ich mit unserem wahren Ich vergleichen können, erschließt sich uns eine unerschöpfliche Quelle der Selbsterkenntnis.

Wenn wir herausfinden, dass beide stimmig sind, umso besser. Sollten wir jedoch merken, dass beide unterschiedlich genug sind, um Verwirrung zu stiften, können wir uns daran machen, sie zusammenzubringen. Dies geschieht automatisch als Ergebnis unserer Beschäftigung mit Radikaler Selbstvergebung und Selbstakzeptanz. Doch eine Frage können Sie sich schon jetzt stellen:

Was strahle ich über mich selbst aus, das ***nicht wahr*** *ist, das andere aber als die Wahrheit über mich wahrnehmen?*

Forschungsübung 2: Mein abgeleitetes (falsches) Ich

Gehen Sie die Liste noch einmal durch, und kreuzen Sie alles an, was Sie nicht als Teil Ihres authentischen (wahren) Ich angekreuzt haben, jetzt aber als Indiz dafür nehmen würden, wie andere Sie sehen:

Ich bin nicht so, obwohl andere meinen, ich sei so	**Anmerkungen**
☐ introvertiert	
☐ extrovertiert	
☐ gesprächig	
☐ schweigsam	
☐ ein sonniges Gemüt	
☐ melancholisch	
☐ intellektuell	
☐ emotional	
☐ erregbar	
☐ beherrscht	
☐ eine Führungspersönlichkeit	
☐ ein guter Helfer	
☐ ein Gruppenmensch	
☐ ein Einzelgänger	
☐ manipulierend	
☐ couragiert	
☐ ängstlich	
☐ verführerisch	
☐ schüchtern	
☐ nervös	

- ☐ selbstverliebt
- ☐ analytisch
- ☐ großzügig
- ☐ griesgrämig
- ☐ geizig
- ☐ streitsüchtig
- ☐ neugierig
- ☐ leidenschaftlich
- ☐ begriffsstutzig
- ☐ theatralisch
- ☐ verträumt
- ☐ ehrgeizig
- ☐ eine Spielernatur
- ☐ sexy
- ☐ hegend und pflegend
- ☐ nicht nachtragend
- ☐ geradeheraus
- ☐ ehrgeizig
- ☐ unentschlossen
- ☐ unverbindlich
- ☐ praktisch veranlagt
- ☐ gehorsam
- ☐ rebellisch
- ☐ misstrauisch
- ☐ vertrauensselig
- ☐ sorgfältig
- ☐ unflexibel
- ☐ energisch
- ☐ optimistisch
- ☐ pessimistisch
- ☐ ausdauernd

- ☐ graziös
- ☐ tollpatschig
- ☐ voller Vorurteile
- ☐ fleißig
- ☐ faul
- ☐ ....
- ☐ ....
- ☐ ....

Beschreiben Sie sich jetzt in Ihrem Tagebuch mit den Eigenschaften (gut und schlecht), die Sie angekreuzt haben, weil andere sie in Ihnen sehen, obwohl sie nicht auf Sie zutreffen. Schreiben Sie auf, wie Sie sich fühlen, wenn andere Sie behandeln, als seien Sie eine solche Person.

Bringen Sie in einem Satz Ihre Bereitschaft zum Ausdruck, sich mit der Tatsache anzufreunden, dass Sie diese Eigenschaften ausstrahlen, obwohl sie nicht wirklich auf Sie zutreffen.

Dies ist eine sehr wichtige Übung, denn Sie übernehmen damit die volle Verantwortung für dieses Missverhältnis, statt »die anderen« dafür verantwortlich zu machen. Sie erkennen an, dass andere auf das reagieren, was Sie energetisch ausstrahlen. Was immer Sie ausstrahlen, ist das, was Sie zurückbekommen. Statt nun zuzulassen, dass sich dies noch weiter verstärkt und verfestigt, haben Sie die Chance herauszufinden, was Sie ausstrahlen und warum.

Die Antwort auf die obige Frage besteht höchstwahrscheinlich darin, dass Sie negative Vorstellungen von sich selbst projizieren, die Sie irgendwann zu einem Teil dessen, was Sie sind beziehungsweise für andere darstellen, haben werden lassen, obwohl sie Ihrem wahren Ich widersprechen.

Stellen Sie sich beispielsweise vor, Ihre Mutter habe die Regel aufgestellt, dass Sie nicht ungefragt Kekse aus der Keksdose nehmen dürfen. Doch als Ihr kleiner Bruder zu weinen anfängt, weil er Hunger hat, entscheiden Sie, dass es gerechtfertigt sei, ausnahmsweise die Regel zu missachten und ihm einen Keks zu geben. Ihre Mutter kommt herein und erwischt Sie mit der Hand in der Keksdose. Sie regt sich furchtbar auf und gibt Ihnen eine kräftige Ohrfeige, weil man sich nicht auf Sie verlassen kann. Mit dieser Ohrfeige hat sie in Ihnen die Überzeugung eingepflanzt, dass Sie nicht vertrauenswürdig sind, und Sie haben angefangen, es selbst zu glauben.

In Ihrem späteren Leben strahlen Sie dies energetisch aus, und die Menschen in Ihrem Umfeld werden immer an Ihrer Glaubwürdigkeit zweifeln. Sie wissen zwar nicht, woher es kommt, aber das Gefühl bleibt. Es kann durchaus passieren, dass man Sie bei einer Beförderung in eine verantwortungsvolle Position übergeht oder dass Sie aus unerfindlichen Gründen eine Sicherheitsprüfung nicht bestehen. Partner könnten Ihre Treue in Zweifel ziehen und Ihnen hinterherspionieren.

Radikale Selbstvergebung und Radikale Selbstakzeptanz sind geeignet, diese alten Überzeugungen, die eine falsche Eigenwahrnehmung erzeugen, zu beseitigen, sodass Sie mehr und mehr die Möglichkeit haben, Ihrem wahren Ich entsprechend gesehen und behandelt zu werden.

Das ideale Ich

Das ist das Ich, das ich am liebsten wäre. Während mein abgeleitetes Ich ein subjektiv wahrgenommenes Ich war, ist dies ein *Fantasie*-Ich. Wenn ich mehr über mein ideales Ich erfahren will, brauche ich mir nur anzuschauen, wen ich mir als Vorbild aussuche. Beliebte Vorbilder sind Filmstars, Spitzensportler, Politiker und Medienpersönlichkeiten.

Dies ist gewöhnlich ziemlich harmlos und kann jungen Menschen helfen, ein Gefühl für Identität zu entwickeln. Doch auch hier kommt es auf Stimmigkeit an. Wenn Ihre Fantasievorstellung Sie mehr in Richtung Ihres wahren Ich leitet oder Ihnen eine Vorstellung von sich gibt, die sich in Übereinstimmung mit Ihrem wahren Ich und seinen Zielen befindet, kann sie als eine wirkungsvolle Antriebskraft zur Integration gesehen werden.

Sollte andererseits die Kluft zwischen Ihrem idealen Ich und Ihrem wahren, authentischen Ich zu tief sein oder sollten die Eigenschaften beider zu weit auseinanderklaffen, wird dies zu einer Dissonanz führen, die wiederum Verwirrung, Enttäuschung und tiefe Unzufriedenheit mit sich bringt.

Wir haben festgestellt, dass Selbsterkenntnis zu Weisheit führt. Daher sollten Sie dafür sorgen, dass Ihr ideales Ich und Ihr authentisches Ich sich gegenseitig unterstützen und ergänzen. Schauen Sie sich Ihre Vorbilder genau an.

Wenn es eine Übereinstimmung zwischen Ihrem idealen und Ihrem wahren Ich gibt, kann das ideale Ich sehr hilfreich bei der Entwicklung Ihres vollen Potenzials sein. Es kann nämlich eine Zukunftsvision für Sie lebendig halten und Ihnen helfen, sich in diese Richtung zu entwickeln. Es setzt sich Ziele und trägt über das Gesetz der Anziehung zur Verwirklichung Ihrer Träume bei. Das ideale Ich ist ein Teil von uns, der eine nicht zu unterschätzende Wirkung hat. Sie sollten es jedoch gut im Auge behalten, damit Sie seine erstaunliche Energie auf positive Weise für Ihre Entwicklung nutzen können.

Forschungsübung 3: Mein ideales Ich

1. Gehen Sie die Liste der ausgewählten positiven Eigenschaften noch einmal durch und kreuzen Sie außer denen, die Sie bereits haben, auch alle an, die Sie gern hätten, um Ihrem idealen Ich zu entsprechen. Stellen Sie sich vor, Sie sind völlig frei und können ohne Einschränkung so sein, wie Sie sein möchten.

Ich bin		Anmerkungen
☐	introvertiert	
☐	extrovertiert	
☐	gesprächig	
☐	schweigsam	
☐	ein sonniges Gemüt	
☐	intellektuell	
☐	emotional	
☐	erregbar	
☐	eine Führungspersönlichkeit	
☐	ein guter Helfer	
☐	ein Gruppenmensch	
☐	ein Einzelgänger	
☐	couragiert	
☐	verführerisch	
☐	großzügig	
☐	neugierig	
☐	leidenschaftlich	
☐	theatralisch	
☐	verträumt	
☐	ehrgeizig	
☐	eine Spielernatur	

- ☐ sexy
- ☐ hegend und pflegend
- ☐ nicht nachtragend
- ☐ ehrgeizig
- ☐ praktisch veranlagt
- ☐ rebellisch
- ☐ vertrauensselig
- ☐ sorgfältig
- ☐ energisch
- ☐ optimistisch
- ☐ ausdauernd
- ☐ graziös
- ☐ voller Vorurteile
- ☐ fleißig
- ☐ faul
- ☐ ....
- ☐ ....
- ☐ ....

2. Schreiben Sie die Namen von Personen auf, die Sie bewundern, und nennen Sie Eigenschaften dieser Personen, die Sie auch gern hätten.

3. Wenn Sie nicht der Meinung sind, dass Sie jetzt schon nur das tun, was Ihrer wahren göttlichen Bestimmung entspricht, schreiben Sie in Ihr Tagebuch, was Sie gern tun würden, wenn Sie die Freiheit hätten zu tun, was Sie wollen.

4. Beschreiben Sie in Ihrem Tagebuch mit eigenen Worten ein Idealbild von sich selbst. Schildern Sie Ihr ideales Aussehen, die geistigen, emotionalen und spirituellen Eigenschaften, die

Sie gern hätten, und wie diese in Ihrem Leben zum Ausdruck gebracht würden. Wie wäre im Idealfall Ihr Naturell und über welche Talente und Fähigkeiten würden Sie verfügen? Übertreiben Sie ruhig ein wenig, aber achten Sie darauf, dass Sie dabei immer noch Sie selbst bleiben. Erwähnen Sie auch Ihre Vorbilder und auf welche Weise Sie ihnen ähnlich sein wollen. Beginnen Sie mit den Worten: »*Mein Idealbild von mir ist …*«

Das sozial angepasste Ich

Dies ist das Ich, das ich geworden bin, um akzeptiert zu werden – um die Person zu werden, von der andere wollten, dass ich sie bin. Dies ist das sozial angepasste Ich, das ich geworden bin, um in die Gesellschaft oder Familie zu passen – selbst wenn es mir nicht wirklich entspricht.

Als Mitglieder einer Gruppe geben wir freiwillig einige Aspekte unseres Wesens auf, um gewissen Gruppenstandards zu entsprechen und akzeptiert zu werden. Jeder, der in einer schwer dysfunktionalen Familie aufgewachsen ist, hat höchstwahrscheinlich ein stark angepasstes Ich entwickelt, um zu überleben. Dies kommt auf allen Ebenen der Gesellschaft vor, in Kirche, Schule, den Medien und so weiter. Es liegt daran, dass wir soziale Wesen sind und als solche gewillt, uns an Gruppennormen anzupassen, um von anderen akzeptiert zu werden.

Wie viel von meiner Selbstverwirklichung bin ich bereit aufzugeben, um mich als Teil einer Gruppe fühlen zu können? Angenommen, ich fühle mich zu einer Sekte hingezogen, muss mich aber deren sehr strengen Regeln beugen. Angenommen, ich möchte ins Kloster gehen. Bin ich gewillt, mich dafür anzupassen?

Die Antwort hängt von sehr vielen Faktoren ab und kann durchaus ja lauten, wenn dies eine wohlüberlegte Wahl ist. Ich bin jedoch der Ansicht, dass sie an dem Punkt nein lauten sollte, an dem man sich so weit anpassen muss, dass man sich selbst untreu wird.

Wenn das passiert, beginnt man nämlich, eine Lüge zu leben. Sich selbst treu zu bleiben, heißt, unversehrt zu bleiben und die eigene Integrität zu wahren. Wenn man sich selbst untreu wird, nimmt das authentische Ich Schaden. Es ist unmöglich, längere Zeit so zu leben. Die Integrität wiederherzustellen, heißt, das wahre Ich zurückzugewinnen.

Forschungsübung 4:
Mein sozial angepasstes Ich

Um mich anzupassen und zu einer Gruppe zu gehören, habe ich folgende Eigenschaften (mehr oder weniger) übernommen oder zurückgewiesen beziehungsweise in den Hintergrund gedrängt:

☐ introvertiert	☐ übernommen	☐ mehr	☐ weniger	☐ zurückgewiesen
☐ extrovertiert	☐ übernommen	☐ mehr	☐ weniger	☐ zurückgewiesen
☐ gesprächig	☐ übernommen	☐ mehr	☐ weniger	☐ zurückgewiesen
☐ schweigsam	☐ übernommen	☐ mehr	☐ weniger	☐ zurückgewiesen
☐ gesellig	☐ übernommen	☐ mehr	☐ weniger	☐ zurückgewiesen
☐ intellektuell	☐ übernommen	☐ mehr	☐ weniger	☐ zurückgewiesen
☐ einfühlsam	☐ übernommen	☐ mehr	☐ weniger	☐ zurückgewiesen
☐ erregbar	☐ übernommen	☐ mehr	☐ weniger	☐ zurückgewiesen
☐ Führungsqualitäten	☐ übernommen	☐ mehr	☐ weniger	☐ zurückgewiesen
☐ helfend, unterstützend	☐ übernommen	☐ mehr	☐ weniger	☐ zurückgewiesen
☐ couragiert	☐ übernommen	☐ mehr	☐ weniger	☐ zurückgewiesen
☐ ängstlich	☐ übernommen	☐ mehr	☐ weniger	☐ zurückgewiesen
☐ verführerisch	☐ übernommen	☐ mehr	☐ weniger	☐ zurückgewiesen
☐ schüchtern	☐ übernommen	☐ mehr	☐ weniger	☐ zurückgewiesen
☐ nervös	☐ übernommen	☐ mehr	☐ weniger	☐ zurückgewiesen
☐ egoistisch	☐ übernommen	☐ mehr	☐ weniger	☐ zurückgewiesen
☐ analytisch	☐ übernommen	☐ mehr	☐ weniger	☐ zurückgewiesen
☐ großzügig	☐ übernommen	☐ mehr	☐ weniger	☐ zurückgewiesen
☐ geizig	☐ übernommen	☐ mehr	☐ weniger	☐ zurückgewiesen

☐ streitsüchtig	☐ übernommen	☐ mehr	☐ weniger	☐ zurückgewiesen
☐ neugierig	☐ übernommen	☐ mehr	☐ weniger	☐ zurückgewiesen
☐ leidenschaftlich	☐ übernommen	☐ mehr	☐ weniger	☐ zurückgewiesen
☐ begriffsstutzig	☐ übernommen	☐ mehr	☐ weniger	☐ zurückgewiesen
☐ theatralisch	☐ übernommen	☐ mehr	☐ weniger	☐ zurückgewiesen
☐ verträumt	☐ übernommen	☐ mehr	☐ weniger	☐ zurückgewiesen
☐ ehrgeizig	☐ übernommen	☐ mehr	☐ weniger	☐ zurückgewiesen
☐ Spielernatur	☐ übernommen	☐ mehr	☐ weniger	☐ zurückgewiesen
☐ sexy	☐ übernommen	☐ mehr	☐ weniger	☐ zurückgewiesen
☐ hegend und pflegend	☐ übernommen	☐ mehr	☐ weniger	☐ zurückgewiesen
☐ nicht nachtragend	☐ übernommen	☐ mehr	☐ weniger	☐ zurückgewiesen
☐ geradeheraus	☐ übernommen	☐ mehr	☐ weniger	☐ zurückgewiesen
☐ ehrgeizig	☐ übernommen	☐ mehr	☐ weniger	☐ zurückgewiesen
☐ unentschlossen	☐ übernommen	☐ mehr	☐ weniger	☐ zurückgewiesen
☐ praktisch veranlagt	☐ übernommen	☐ mehr	☐ weniger	☐ zurückgewiesen
☐ gehorsam	☐ übernommen	☐ mehr	☐ weniger	☐ zurückgewiesen
☐ rebellisch	☐ übernommen	☐ mehr	☐ weniger	☐ zurückgewiesen
☐ misstrauisch	☐ übernommen	☐ mehr	☐ weniger	☐ zurückgewiesen
☐ vertrauensselig	☐ übernommen	☐ mehr	☐ weniger	☐ zurückgewiesen

☐ sorgfältig	☐ übernommen	☐ mehr	☐ weniger	☐ zurückgewiesen
☐ unflexibel	☐ übernommen	☐ mehr	☐ weniger	☐ zurückgewiesen
☐ energisch	☐ übernommen	☐ mehr	☐ weniger	☐ zurückgewiesen
☐ optimistisch	☐ übernommen	☐ mehr	☐ weniger	☐ zurückgewiesen
☐ pessimistisch	☐ übernommen	☐ mehr	☐ weniger	☐ zurückgewiesen
☐ ausdauernd	☐ übernommen	☐ mehr	☐ weniger	☐ zurückgewiesen
☐ graziös	☐ übernommen	☐ mehr	☐ weniger	☐ zurückgewiesen
☐ tollpatschig	☐ übernommen	☐ mehr	☐ weniger	☐ zurückgewiesen
☐ voller Vorurteile	☐ übernommen	☐ mehr	☐ weniger	☐ zurückgewiesen
☐ fleißig	☐ übernommen	☐ mehr	☐ weniger	☐ zurückgewiesen
☐ faul	☐ übernommen	☐ mehr	☐ weniger	☐ zurückgewiesen
....	☐ übernommen	☐ mehr	☐ weniger	☐ zurückgewiesen
....	☐ übernommen	☐ mehr	☐ weniger	☐ zurückgewiesen
....	☐ übernommen	☐ mehr	☐ weniger	☐ zurückgewiesen
....	☐ übernommen	☐ mehr	☐ weniger	☐ zurückgewiesen
....	☐ übernommen	☐ mehr	☐ weniger	☐ zurückgewiesen

Es ist unvermeidlich, dass man viele Teile von sich selbst verliert, während sich das sozial angepasste Ich entwickelt. Diese Teile verdienen Anerkennung als eigenständige Wesensmerkmale. Ich bezeichne sie als »verlorene Ich-Anteile«.

Die verlorenen Ich-Anteile

Hier handelt es sich um Teile unseres Wesens, die wir – sowohl als Kinder als auch als Erwachsene – verloren oder eingetauscht haben, gegen Akzeptanz, Liebe, Macht, Geld und so weiter. Es sind Teile von uns, die wir bei der Bildung des sozial angepassten Ich absichtlich von uns gewiesen haben.

Es lohnt sich, genau hinzuschauen, welche Teile von sich selbst man abgegeben oder eingetauscht hat und wofür, denn dies trägt erheblich zur Selbsterkenntnis bei. Am häufigsten hört man Aussagen wie: »Ich habe meine Integrität und/oder meine Selbstachtung gegen Geld/Macht/Status/Erfolg eingetauscht.«

Das umfasst eine Vielzahl von Dingen, die Sie möglicherweise aufgegeben oder eingetauscht haben. Hier ein paar Beispiele:

> »Ich habe mein freundliches, geselliges Wesen aufgegeben, um einen eifersüchtigen Mann zufriedenzustellen und mit ihm verheiratet zu bleiben.«

> »Um mich am Arbeitsplatz anzupassen, musste ich mein lebenslustiges, kreatives Ich aufgeben und alles nach Vorschrift machen. Das hat dazu geführt, dass ich nicht mehr die lebenslustige, kreative Person bin, die ich einmal war, selbst wenn ich nicht bei der Arbeit bin.«

»Um meine Familie zufriedenzustellen, habe ich meine berufliche Laufbahn aufgegeben und kümmere mich jetzt ganz um die Erziehung der Kinder, obwohl ich mit Leidenschaft bei meinem Beruf war. Ich liebe meine Kinder, aber bin keine passionierte Mutter. Ich habe meine wahre Leidenschaft eingetauscht.«

»Ich bin früher gern Risiken eingegangen. Es hat mir Energie gegeben. Doch seit ich für Frau und Kinder verantwortlich bin, muss ich immer auf Nummer sicher gehen.«

»Musiker zu sein, gibt mir tiefe innere Befriedigung. Nun habe ich einen Beruf, in dem ich genug verdiene, der mir aber keine Zeit zum Musizieren lässt. Ich habe meine Erfüllung und meine musikalische Kreativität gegen ein festes Einkommen eingetauscht.«

Forschungsübung 5: Meine verlorenen Ich-Anteile

Bei den Teilen meines wahren Ich, die ich verloren habe, weil ich sie aufgegeben, unterdrückt oder gegen Liebe, Geld, Macht, Status oder Ähnliches eingetauscht habe, handelt es sich möglicherweise um

- ☐ Sexualität ____________________
- ☐ Humor ____________________
- ☐ Arglosigkeit ____________________
- ☐ Integrität ____________________
- ☐ Ehrlichkeit ____________________

- ☐ Vertrauen ________________
- ☐ Neugier ________________
- ☐ Gefühle ________________
- ☐ Leidenschaft ________________
- ☐ meinen Traum ________________
- ☐ Ehrgeiz ________________
- ☐ Risikobereitschaft ________________
- ☐ Großzügigkeit ________________
- ☐ Freiheit ________________
- ☐ Elternschaft ________________
- ☐ Fröhlichkeit ________________
- ☐ Friede ________________
- ☐ Befriedigung ________________
- ☐ .... ________________
- ☐ .... ________________
- ☐ .... ________________

Warnung: Während Sie allmählich erkennen, wie Sie bestimmte Teile von sich selbst aufgegeben oder eingetauscht haben, kann es passieren, dass Sie von tiefer Trauer und Reue erfüllt werden. Das ist gut so. Diese Gefühle sind ein wichtiger Teil Ihrer Entwicklung. Möglicherweise fühlen Sie sich ein wenig schuldig. Auch das ist gut so. Passen Sie nur auf, dass Sie sich nicht vollkommen mit Schuld überhäufen. Dies gilt besonders dann, wenn Sie ohnehin dazu neigen, sich schuldig zu fühlen und für alles mögliche selbst zu bestrafen. Diese Schuld wird später durch den Prozess der Radikalen Vergebung aufgelöst. Daher macht es keinen Sinn, sie jetzt noch zu verstärken.

Beenden Sie die Übung, indem Sie diesen Satz vervollständigen: »*Wenn ich die Möglichkeit hätte, noch einmal ganz von vorn anzufangen, wäre das Einzige, was ich nicht eintauschen würde …«* ________________________________

____

Die verleugneten Ich-Anteile

Dies sind die Teile von mir selbst, die ich als nicht akzeptabel zurückgewiesen und damit völlig aus meinem Sichtfeld verbannt habe. Dazu habe ich die Methode der Verdrängung verwendet. Das heißt, ich habe sie so tief in mein Unterbewusstsein verbannt, dass ich mir ihrer überhaupt nicht mehr bewusst bin.

Verdrängung ist nicht gleich Unterdrückung. Wenn Sie einen Teil von sich unterdrücken, wissen Sie, dass er immer noch da ist. Dies gilt auch für verlorene Ich-Anteile. Sie wissen, dass sie da sind, aber sie bleiben unterdrückt. Die Teile, die Sie verstoßen und verdrängt haben, sind jedoch völlig aus Ihrem Bewusstsein verschwunden.

C. G. Jung bezeichnete diese verdrängten Dinge als unseren »Schatten«. Wie kann es geschehen, dass diese Teile von uns verneint, zurückgewiesen und dann verdrängt werden?

Wenn wir aufwachsen und Bestätigung und Liebe von unseren Mitmenschen suchen, besonders von unseren Eltern, lernen wir schnell, welche unserer Eigenschaften uns Liebe und Bestätigung bringen und welche nicht. Ein Überlebensmechanismus sorgt dafür, dass wir die Eigenschaften auswählen, die am meisten bestätigt werden, und die anderen schnell abstoßen.

Mithilfe der Liste akzeptabler Eigenschaften erschaffen wir unser sozial angepasstes Ich, das wir der Welt präsentieren. Den Rest »entsorgen« wir. Er wird zu unserem Schatten. Wahrscheinlich legen wir im Laufe unseres ganzen Lebens Eigenschaften aus diesem Grund ab, aber die meisten unserer verleugneten Ich-Anteile wurden schon in frühester Kindheit verdrängt, weil wir uns ihrer geschämt haben.

Nun, da wir alle unerwünschten Eigenschaften in den Schatten verbannt haben, könnten wir meinen, wir seien vor ihnen sicher. Weit gefehlt! Jede einzelne dieser Eigenschaften ist mit einer Energie verbunden, die sehr aktiv und reaktiv ist. Sie alle haben eine Neigung, aus den Tiefen unseres Unbewussten aufzusteigen, um anerkannt und akzeptiert zu werden.

Daher haben wir auch weiterhin Angst vor unserem Schatten und tun alles, um zu vermeiden, dass wir ihn als Teil von uns akzeptieren müssen. Bei dieser Unterdrückung des Schattens handelt es sich um eine Vermeidungsstrategie.

Eine viel »bessere« Methode, mit ihm umzugehen, ist, ihn auf eine andere Person zu projizieren. Wir nehmen die Schattenseite symbolisch aus uns heraus, projizieren sie auf jemanden oder etwas außerhalb von uns und versuchen uns dann weiszumachen, dass der Schatten nicht uns, sondern dem anderen gehört.

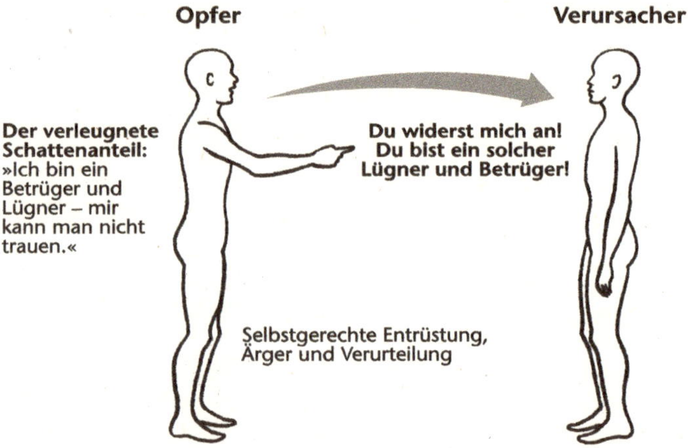

Zunächst müssen wir jemanden finden, der anscheinend viele der Eigenschaften hat, die wir an uns hassen. Dann kritisieren und verurteilen wir diese Person gnadenlos dafür, dass sie diese Eigenschaften hat, wobei wir geflissentlich übersehen, dass es unsere eigenen sind. Wir versetzen uns in einen wütenden und selbstgerechten Zorn und tun alles Erdenkliche, um die Missetaten des anderen anzuprangern und ihn, wenn möglich, dafür zu bestrafen. Während wir uns voll auf die böse Person da draußen konzentrieren, besteht keine Notwendigkeit, hier drinnen nach dem zu schauen, was fein säuberlich umgangen und vermieden wird.

Dies ist ein mächtiger Abwehrmechanismus. Er hat aber auch die Macht, uns in unserem Selbsthass gefangen zu halten, weil er uns automatisch davon abhält, einen großen Teil von uns selbst anzuerkennen und zu akzeptieren.

Wir haben jedoch die Möglichkeit, uns unsere verleugneten Ich-Anteile wieder anzueignen. Wenn wir den Mechanismus der Projektion verstehen und bemerken, wann er in uns aktiv wird (wenn wir beispielsweise jemanden kritisieren und uns selbstgerecht verhalten), können wir die Projektion bewusst zurückzunehmen.

Das Prinzip ist, dass ich den Fehler im anderen nur sehen kann, wenn ich ihn selbst habe. Wenn ich das merke, habe ich die Möglichkeit, die Projektion aufzulösen, indem ich die Person, die ich verurteile, als jemanden sehe, der in mein Leben gekommen ist, um mir das zu spiegeln, was ich aus meinem Leben verbannt habe, und mir damit Gelegenheit gibt, es zu sehen und voller Liebe und Akzeptanz wieder in mein Leben aufzunehmen.

Wir werden uns das im vierten Teil noch einmal näher anschauen und herausfinden, wie es leicht und schnell erreicht werden kann. In der Zwischenzeit kann Ihnen die folgende Übung helfen, einige Ihrer verleugneten Ich-Anteile wiederzuentdecken.

Forschungsübung 6: Meine verleugneten Ich-Anteile

Es wäre sinnlos, Sie zu bitten, eine Liste Ihrer verleugneten Ich-Anteile anzufertigen, da Ihnen diese per Definition nicht mehr bekannt sind. Sie haben sie verdrängt. Sie sind nicht mehr in Ihrem Bewusstsein lebendig, sondern nur noch in Ihrem Unterbewussten, weit entfernt von Ihrer bewussten Aufmerksamkeit.

Dies ist jedoch kein Grund zur Beunruhigung. Es gibt eine sehr gute und zuverlässige Methode, um sie wiederzufinden: die Umkehrung der Projektion.

1. Stellen Sie sich zwei Personen vor, die Sie in mehrfacher Hinsicht nicht mögen oder missbilligen – Sie brauchen ihre Namen nicht zu nennen – und legen Sie auf der nächsten Seite eine Liste der Eigenschaften an, die Sie an ihnen stören. Versuchen Sie, wenn möglich, etwa zehn verschiedene zu finden.

Die Personen, mit denen Sie hier arbeiten, können Ihnen persönlich bekannt sein, es kann sich aber auch um Persönlichkeiten aus Film oder Fernsehen handeln. Sie können unter den Lebenden sein oder bereits verstorben. Wichtig ist, dass Sie in mehrfacher Hinsicht sehr viel an ihnen auszusetzen haben.

Person 1	**Person 2**
______________________	______________________
______________________	______________________
______________________	______________________
______________________	______________________
______________________	______________________
______________________	______________________
______________________	______________________
______________________	______________________
______________________	______________________
______________________	______________________

2. Bei sämtlichen Eigenschaften, die Sie verneint, verdrängt und auf diese beiden Personen projiziert haben, handelt es sich um Ihre eigenen verleugneten Ich-Anteile. Fordern Sie diese wieder ein.

Wenn Sie eine Liste aller verleugneten Ich-Anteile aufstellen würden, würden Sie merken, dass die oben aufgeführten Eigenschaften ganz oben auf dieser Liste stehen. Das liegt an dem erwähnten Prinzip, dass man in anderen nur sieht, was man selbst hat.

Wir sehen in diesen beiden Personen, was wir an uns selbst verachten und daher verleugnet haben. Wir schauen in einen Spiegel.

Bevor Sie das Buch nun entrüstet an die Wand werfen, sollten Sie bedenken, dass der Spiegel Ihnen etwas »vorspiegeln« kann. Einige der Spiegelungen sind offensichtlich, während andere auf indirekte, mehr verborgene Zusammenhänge hinweisen. Was wir in der anderen Person sehen, ist möglicherweise nur ein Symbol oder ein Stellvertreter für etwas in uns, und es ist nicht leicht herauszufinden, was das sein könnte.

Verschwenden Sie Ihre Zeit und Energie also nicht damit, dem auf den Grund gehen zu wollen. Akzeptieren Sie einfach die Tatsache, dass alles, was Sie aufgelistet haben, entweder direkt oder indirekt stellvertretend für Ihre verleugneten Ich-Anteile steht, die sich zeigen, um geliebt und akzeptiert zu werden – so, wie sie sind. Fühlen Sie sich auf keinen Fall schuldig dafür, dass Sie sie erzeugt haben. Das würde den Teufelskreis nur immer weiter treiben.

Das sabotierende Ich

Dies ist das Ich, das ständig überprüft, welche Überzeugungen, Ideen, Vorstellungen, Einstellungen, Vorurteile und anderen Inhalte im Unbewussten lebendig sind, und dafür sorgt, dass sich alles, was wir tun, denken oder planen, im Einklang mit ihnen befindet. Wenn nicht, wird es versuchen, uns auf jede erdenkliche Weise zu sabotieren. Es wird unsere Beziehungen, unsere Finanzen und alle anderen Bereiche unseres Lebens unterminieren, wenn das, was wir tun, denken oder planen, nicht in Übereinstimmung mit allen Kernüberzeugungen ist, die im Unbewussten schlummern.

Wenn Sie beispielsweise als Kind Zeuge einer schrecklich zerstrittenen Ehe Ihrer Eltern waren, kann es sein, dass Sie unbewusst beschlossen haben, eine Ehe könne nichts Gutes sein. Ihr sabotierendes Ich wird daher jede Beziehung boykottieren, sobald das Gespräch aufs Heiraten kommt.

Dasselbe gilt fürs Geld. Wenn Sie gemäß der Kernüberzeugung handeln, dass Geld etwas Schlechtes ist oder es immer daran mangelt, werden Sie nie reich. Ihr sabotierendes Ich wird dafür sorgen, dass Sie immer unter einer bestimmten Einkommensgrenze bleiben. Es schert sich nicht darum, ob Sie gern reich wären – es geht ihm lediglich darum, recht zu behalten.

Auch hier gilt, ebenso wie bei den verleugneten Ich-Anteilen, dass Ihre Kernüberzeugungen, Einstellungen und Vorurteile gewöhnlich tief im Unbewussten verborgen sind und meist völlig automatisch und außerhalb des Bewusstseins operieren.

Wenn Sie jedoch Ihren Lebenslauf betrachten und schauen, was sich da regelmäßig abspielt, werden Sie merken, wann Ihr sabotierendes Ich am Werk ist und versucht, entsprechend den in Ihrem Unbewussten verborgenen Denkmustern recht zu behalten.

Wenn wir das auf unser Beispiel anwenden, besteht das Denkmuster darin, dass eine Ehe ein Desaster ist. Ihr sabotierendes Ich wird daher dafür sorgen, dass Sie keinen Partner zum Heiraten finden, ganz gleich, wie sehr Sie auch meinen, dies zu wollen. Jeder potenzielle Partner, den Sie treffen, wird auf irgendeine Weise nicht zu haben sein. Oder er wird schlicht und einfach nicht gewillt oder fähig sein, sich auf eine langfristige Beziehung einzulassen.

Wenn Sie um die 40 sind und dies sich mit Ihrer Erfahrung deckt, kann man davon ausgehen, dass Ihr sabotierendes Ich ein Denkmuster pflegt, das der Vorstellung von einer Ehe diametral entgegengesetzt ist.

An diesem Punkt wäre es angebracht, sich Ihr sabotierendes Ich einmal vorzuknöpfen, um ihm ein paar drastische Änderungen nahezulegen. Dies muss jedoch vorsichtig und mit Fingerspitzengefühl angegangen werden, damit es sich letztendlich mit dem Gedanken an eine Ehe anfreunden kann.

In Sachen Geld ist das sabotierende Ich der meisten Menschen in seinem Element. Wir alle haben ein finanzielles Drehbuch im Kopf, das wir seit unserer frühen Kindheit auswendig gelernt haben und das nun unser gesamtes finanzielles Leben bestimmt. Unser sabotierendes Ich sorgt nach besten Kräften dafür, dass dies so bleibt.

Haben Sie sich je gefragt, warum die meisten Menschen ihr ganzes Leben über mehr oder weniger das gleiche Einkommen haben? Oder warum manche Menschen eine magnetische Anziehungskraft auf Geld zu haben scheinen, während andere gerade mal so ihren Lebensunterhalt sichern können?

Es sind nicht die äußeren Lebensumstände, die bestimmen, wie viel Geld wir anziehen, sondern es ist unser unbewusstes, inneres Finanzdrehbuch. Das sabotierende Ich sorgt dafür, dass wir nicht davon abweichen.

Es kann allerdings vorkommen, dass man das sabotierende Ich gerade schlafend erwischt, meist jedoch nur einmal. Erkennen kann man das beispielsweise daran, dass eine Person plötzlich finanziell ein außerordentlich gutes Jahr hat. Darauf folgt jedoch fast immer ein besonders schlechtes Jahr. Danach pendelt sich das Ganze wieder ein und bleibt in absehbarer Zukunft auf dem Niveau, auf dem es vor dem plötzlichen Wachstum war.

Das sabotierende Ich der Person hat eine finanzielle Komfortzone definiert, innerhalb derer sich die Person wohlfühlt. Doch wenn die Grenzen dieses Bereichs plötzlich überschritten werden, erwacht das sabotierende Ich aus seinem Schlummer und ergreift Maßnahmen, um sicherzustellen, dass das nie wieder passiert. Danach bleibt es allzeit wachsam.

Wir alle haben einen Fixpunkt bezüglich unseres Einkommens. Dieser Punkt am oberen Ende der Komfortzone legt Ihre Einkommensgrenze fest und sorgt dafür, dass sie nicht überschritten wird. Dies ist Teil Ihres Drehbuchs.

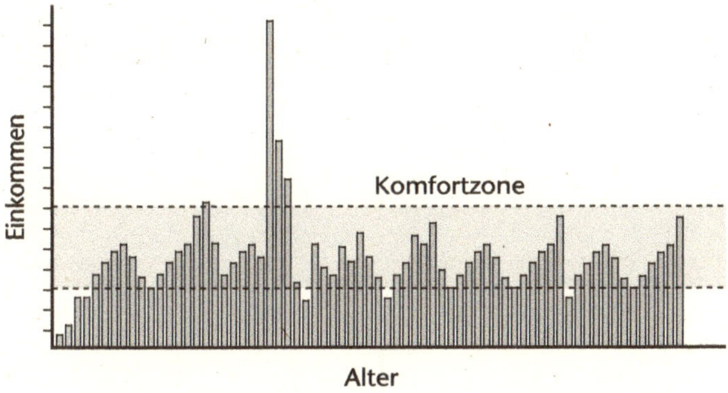

Ihr sabotierendes Ich ist sehr gut darin, Ihren Erfolg zu boykottieren, wenn Sie Angst vor eben diesem Erfolg haben, was bei den meisten Menschen der Fall ist. Diese Angst entsteht oft, wenn ein Kind, das in einer glücklichen Familie aufwächst, beobachtet, wie der Vater beruflich immer erfolgreicher wird und immer weniger Zeit hat, dem Kind die liebevolle Aufmerksamkeit zu geben, an die es gewöhnt ist. Das Kind bemerkt, dass die Mutter darüber ebenfalls unglücklich zu sein scheint und dass die Ehe aufgrund der Abwesenheit des Vaters und seines beruflichen Erfolgs zunehmend unter Druck gerät. Daher beginnt das Kind, Erfolg mit Schmerz und Leiden zu assoziieren.

Wenn es sich bei diesem Kind um Sie handeln würde, würde Ihr sabotierendes Ich Ihnen im späteren Leben ein gewisses Maß an Erfolg gestatten, vergleichbar mit dem Ihres Vaters vor jenem Aufstieg, der für Ihre Familie so schmerzlich war. Würden Sie darüber hinaus Aufstiegschancen bekommen, träte das sabotierende Ich in Aktion.

Plötzlich würden womöglich gesundheitliche Probleme auftreten, die Ihr Fortkommen beeinträchtigen. Vielleicht würden Sie Mitarbeiter einstellen, die durch ihre Inkompetenz den

Betrieb aufhalten, oder Sie würden einen Streit mit Ihren Kollegen anfangen, Ihre Vorgesetzten gegen sich aufbringen und schlimme Fehler machen. Sie könnten von Glück reden, wenn Ihnen nicht gekündigt würde. Und nichts davon wäre Zufall.

Forschungsübung 7: Mein sabotierendes Ich

Zeichnen Sie eine Verlaufskurve Ihres Lebens, beginnend mit der frühen Kindheit, bis in die Gegenwart. Entdecken Sie Verhaltens- oder Erfahrungsmuster, die auf Kernüberzeugungen oder negative Denkmuster hinweisen könnten und die von Ihrem sabotierenden Ich peinlich genau eingehalten werden. Beispiele für Kernüberzeugungen und negative Denkmuster (zutreffende bitte ankreuzen):

- ☐ »Das Leben ist ein Kampf.«
- ☐ »Menschen sind schlecht.«
- ☐ »Alle Männer sind wie mein Vater.«
- ☐ »Alle Frauen sind wie meine Mutter.«
- ☐ »Reiche Menschen sind Gauner.«
- ☐ »Ich kann keinem Mann/keiner Frau vertrauen.«
- ☐ »Ich kann dem Leben nicht vertrauen.«
- ☐ »Ich kann niemandem vertrauen.«
- ☐ »Jeder ist sich selbst der Nächste.«
- ☐ »Nur der Stärkste überlebt.«
- ☐ »Ich werde immer benachteiligt.«
- ☐ »Ich kann nicht einflussreich und mächtig sein.«
- ☐ »Ich bin nichts wert.«

- ☐ »Ich habe es nicht verdient, glücklich zu sein.«
- ☐ »Ich bin ein Versager.«
- ☐ »Ich kann nichts wirklich gut.«
- ☐ »Alles, was ich anfasse, geht schief.«
- ☐ »Man schätzt mich nicht.«
- ☐ »Ich bin unsichtbar.«
- ☐ »Ich werde für das, was ich leiste, nie gut bezahlt.«
- ☐ »Sogar meine Mutter/mein Vater hasst mich.«
- ☐ »Ich hasse meine Mutter/meinen Vater.«
- ☐ »Um anerkannt zu werden, muss ich perfekt sein.«
- ☐ »Ich muss recht haben.«
- ☐ »Es gibt nie genug.«
- ☐ »Um geliebt zu werden, muss ich jemand sein, der ich nicht bin.«
- ☐ »Die Bedürfnisse anderer sind wichtiger als meine.«
- ☐ »Ich werde es nie weit bringen.«
- ☐ »Wenn ich Erfolg habe, bin ich wie mein Vater.«
- ☐ »Geld muss hart erarbeitet werden.«
- ☐ »Das Geld liegt nicht auf der Straße.«
- ☐ »Für Geld muss ich hart kämpfen.«
- ☐ »Ich habe nie genug Geld.«
- ☐ »Geld ist ein rares Gut.«
- ☐ »Geld und Erfolg sind identisch.«
- ☐ »Geld ist die Wurzel allen Übels.«
- ☐ »Es gibt wichtigere Dinge als Geld.«
- ☐ »Ich sollte Geld verschenken.«
- ☐ »Jedes große Vermögen basiert auf einem großen Verbrechen.«
- ☐ »Geld ist Macht.«
- ☐ »Ich werde vom Geld bestimmt.«
- ☐ »Geld kommt von einem guten Job.«

- ☐ »Geld macht man mit einem erfolgreichen Unternehmen.«
- ☐ »Menschen mit viel Geld sind verdächtig.«
- ☐ . . . .
- ☐ . . . .

Sobald Sie die Verlaufskurve Ihres Lebens gezeichnet und Ihre Gedanken und Kernüberzeugungen identifiziert haben, haben Sie eine gute Vorstellung davon, was Ihr sabotierendes Ich so entschlossen verteidigt.

Das sexuelle Ich

Das sexuelle Ich ist sehr komplex und sehr interessant. Wenn Sie sich selbst besser kennenlernen wollen, sollten Sie sich diesen Teil des eigenen Wesens unbedingt genauer anschauen. Er hilft auch zu verstehen, wie wir uns in Beziehungen verhalten.

John Kappas, Ph. D., Gründer des *Hypnosis Motivation Institute* und Autor mehrerer Bücher über Hypnotherapie, hat ein sehr hilfreiches Modell der sexuellen Persönlichkeit entwickelt. Auf einer Seite seiner Skala befindet sich das Ich, das er als *körperlich-sexuell* bezeichnet. Das Ich auf der anderen Seite nennt er *emotional-sexuell.*

Die Begriffe *körperlich-sexuell* und *emotional-sexuell* können leicht missverstanden werden. Sie beziehen sich darauf, wie eine Person den Teil von sich selbst *verteidigt*, von dem sie das Gefühl hat, er sei am meisten bedroht.

Das körperlich-sexuelle Ich wird von einer großen Angst vor Zurückweisung gesteuert. Wenn man sich emotional verletzlich fühlt, verteidigt man seine Emotionen, indem man den physischen Körper als eine Art Schutzwall einsetzt.

Im Gegensatz dazu wird das emotional-sexuelle Ich von einer großen Angst vor Intimität geleitet. Wenn man sich verletzlich fühlt, verteidigt man seinen Körper, indem man einen emotionalen Schutzwall aus Gefühlen wie Angst, extremer Schüchternheit und Misstrauen errichtet.

Dies hat alle möglichen Auswirkungen darauf, wie man sich in der Welt zeigt. Wenn Sie sich die beiden Extreme anschauen, können Sie einschätzen, wo auf der folgenden Skala Sie sich befinden. Im Idealfall tendieren Sie etwa im Verhältnis von 6:4 zu einer der beiden Seiten, und es ist Ihnen immer noch möglich, jemanden zu verstehen, der zum anderen Extrem tendiert.

100 %	50/50	100 %
körperlich-sexuell		emotional-sexuell

Menschen mit ausgeprägt körperlich-sexuellem Ich

- Klassisch extrovertierte Personen, die ihre Sexualität so weit nach außen projizieren, dass man fast sagen kann, sie stellen sie stolz zur Schau.
- Sie fühlen sich mit ihrem Körper sehr wohl und haben einen starken Sexualtrieb. Sie sind jederzeit, auch kurzfristig, zum Sex bereit, und Männer können stundenlang Sex haben.
- Sie tragen Kleider und Schmuck, welche die Aufmerksamkeit auf ihren Körper und ihre sexuelle Attraktivität lenken.

- Das äußere Erscheinungsbild ist ihnen sehr wichtig. Wenn sie etwas kaufen, steht das Aussehen immer an erster Stelle. Sie streben nach Eleganz, Stil, Farbigkeit, Auffälligkeit und so weiter. Sie würden beim Autokauf nie mehr auf den Verbrauch als auf das Aussehen des Autos achten.
- Aus Angst vor Ablehnung sind sie ständig darauf aus, akzeptiert zu werden und Aufmerksamkeit zu bekommen. Das heißt, dass alles, was sie tun, darauf angelegt ist, von anderen bestätigt zu werden. Auf Kritik reagieren sie äußerst empfindlich.
- Im Gespräch halten sie stets Augenkontakt, kommen ihrem Gegenüber sehr nah und beobachten sein Gesicht, um geringste Anzeichen einer möglichen Ablehnung sofort wahrzunehmen.
- Wenn sie zurückgewiesen werden, ziehen sie sich nicht etwa zurück, sondern rücken noch näher, um den anderen mit ihrem Charme und ihrer Überzeugungskraft für sich zu gewinnen. Sie können sehr hartnäckig und aufdringlich werden. Ein Nein ist für sie keine Antwort, besonders nicht von einer emotional-sexuellen Person des anderen Geschlechts, von der sie sich unwiderstehlich angezogen fühlen. Wenn sie das Gefühl haben, zurückgewiesen zu werden, können sie bestimmend und herrschsüchtig sein. Im schlimmsten Fall sind sie völlig unausstehlich.
- Bei Partys sind sie stets der beliebte Mittelpunkt, und in Gesellschaft fühlen sie sich pudelwohl. Sie haben zu jedem Thema etwas zu sagen und sind Meister des unverbindlichen Geplänkels.
- Sie neigen von Natur aus dazu, in allen Bereichen ihres Lebens Risiken einzugehen. Daher sind sie oft Unternehmer und lieben Mannschaftsspiele oder Extremsportarten.

- Es macht ihnen weniger aus, ein paar körperliche Blessuren davonzutragen, als wenn ihre Gefühle verletzt werden.
- Sie nehmen all ihre Emotionen körperlich wahr, nicht psychisch, und wenn ihre Gefühle verletzt werden, empfinden sie intensive körperliche Schmerzen, die so stark werden können, dass sie buchstäblich lange Zeit funktionsunfähig sind.
- Wenn eine Beziehung zu Ende geht, sind sie völlig am Boden zerstört und haben große Schwierigkeiten loszulassen. Sie nehmen es sehr persönlich und fühlen sich total abgelehnt. Sie haben auch große Schwierigkeiten, einen neuen Partner zu finden. Es kann viele Monate dauern, bis sie sich auf eine neue ernsthafte Beziehung einlassen, obwohl sie in der Zwischenzeit reichlich Sex haben. Sie brauchen das, um sich einigermaßen gut zu fühlen.
- In puncto Liebe und Beziehungen sind sie hoffnungslos idealistisch und sehr romantisch. Wenn sie eine Beziehung eingegangen sind, neigen sie dazu, treu und monogam zu sein. Gleichzeitig können sie sehr eifersüchtig und besitzergreifend werden.
- Sie lieben Kinder und sind sehr familienorientiert. Familie und Beziehung sind ihnen wichtiger als ihre Karriere oder irgendein anderer Aspekt ihres Lebens. Sie stehen stets an erster Stelle.
- Sie kommunizieren über indirekte Anspielungen und Andeutungen und verlassen sich darauf, dass der Zuhörer diese richtig interpretiert. Andererseits hören sie selbst nur, was wörtlich gesagt wird, und verstehen keine Andeutungen. Man muss ihnen ausdrücklich und wiederholt bestätigen, dass man sie liebt. Das werden sie nicht einfach daraus folgern, dass man zu ihnen hält.

Menschen mit ausgeprägt emotional-sexuellem Ich

- Klassisch introvertierte Personen, die dazu neigen, sich in sich in sich selbst zurückziehen, um sich vor dem Gefühl der körperlichen Verletzbarkeit zu schützen.
- Sie fühlen sich in ihrem Körper überhaupt nicht wohl und haben eine verschlossene, defensive Körperhaltung, die zu sagen scheint: »Komm mir nicht zu nah und berühre mich nicht!« Die Arme sind meist schützend nach vorn gerichtet, die Zehenspitzen zeigen tendenziell nach innen.
- Sie kleiden sich konservativ, um die Aufmerksamkeit von ihrem Körper abzulenken und ihre Sexualität zu verbergen. Frauen tragen gern hochgeschlossene oder locker fallende Kleider, um ihre Figur zu verbergen. Sie schminken sich extrem dezent, wenn überhaupt, und tragen vernünftiges Schuhwerk.
- Sie sind nicht besonders gesellig und haben Probleme mit oberflächlicher Konversation. Auf Partys sind sie gewöhnlich die Mauerblümchen, die frühzeitig wieder nach Hause gehen.
- Sie behalten ihre Gefühle meist für sich und verarbeiten sie gedanklich. Nur selten bringen sie anderen gegenüber zum Ausdruck, was sie fühlen, und tauschen auch nicht gern öffentlich Zärtlichkeiten aus.
- Sie lassen sich nicht gern berühren. Selbst eine leichte Berührung kann bei ihnen schnell zur Irritation führen. Die Art von Berührung, die ein körperlich-sexueller Mensch als liebevoll empfindet, kann einem emotional-sexuellen Menschen wie ein körperlicher Übergriff vorkommen.
- Sie fühlen sich sexuell weitaus mehr von visuellen und mentalen Reizen angesprochen als von Berührung. Sie sind auch nicht automatisch zum Sex bereit wie der körperliche Typ,

sondern brauchen Zeit, um sich dafür zu erwärmen. Emotionale Männer sind keine sexuellen Hochleistungssportler wie körperlich-sexuelle. Sobald sie ejakuliert haben, ist alles vorbei, während körperliche Männer stundenlang weitermachen können.

- Für sie ist der Sex keine vordringliche Angelegenheit, ebenso wenig wie Familie, Kinder oder Beziehungen. Arbeit und Karriere stehen bei ihnen im Vordergrund, gefolgt von ihren Hobbys. Beziehungen folgen mit großem Abstand an dritter Stelle. Kinder sind nicht besonders beliebt, und eine Ehe ist in der Lebensplanung nicht unbedingt vorgesehen.
- Außereheliche Beziehungen sind nicht selten und nichts Besonderes, da Sex nicht mit Liebe gleichgesetzt wird wie beim körperlichen Typ. Die psychische Erregung einer Affäre hingegen hat etwas Reizvolles.
- Das Ende einer Beziehung wird nicht als persönliche Ablehnung aufgefasst und ist innerhalb von Tagen bewältigt. Eine neue Beziehung lässt meist nicht lange auf sich warten.
- Sie mögen keine Mannschaftssportarten, aber sind gut in Einzeldisziplinen, die strenges Training erfordern und eine persönliche Herausforderung darstellen.
- Bei ihnen ist alles vernunftgesteuert: Arbeit, Freizeit und sogar Sex. Sie gehen analytisch, vorsichtig und methodisch vor und sind daher nur selten spontan.
- Beim Autokauf spielen Mode und Aussehen keine Rolle, sondern nur die Wirtschaftlichkeit und die Konstruktionsqualität. Vor dem Kauf werden umfangreiche Recherchen angestellt.
- Wenn sie eine freiberufliche Tätigkeit ausüben, werden sie Finanzbuchhalter, Computerprogrammierer, Ingenieur,

Forscher oder Techniker. Sie mögen präzise, eigenbrötlerische Arbeit und sind sehr detailversessen. Im Geschäftsleben können sie sehr erfolgreich sein.

- Sie können um die Ecke denken und verstehen subtile Andeutungen, drücken sich aber selbst sehr direkt und präzise aus. Sie reden nichts Überflüssiges und setzen kaum Körpersprache ein.

Diese Beschreibung des sexuellen Ich wäre unvollständig ohne eine Erklärung, wie sich diese Dynamik in Beziehungen zeigt, besonders wenn sich ein Partner oder beide am extremen Ende der Skala befinden.

Wie Sie sich vorstellen können, gibt es eine anfängliche Anziehungskraft zwischen den Extremen. Eine stark körperliche Persönlichkeit wirkt anziehend auf eine stark emotionale und umgekehrt.

Auf einer Party wird ein stark körperlicher Mann schnurstracks auf die kleine emotionale Person zusteuern, die in der Ecke sitzt, sich an ihrem Drink festhält und scheu und verlegen dreinschaut. Er kann es nicht erwarten, sie zu retten und »groß rauszubringen«. Anfangs gefällt ihr das gar nicht, weil er so fordernd ist, doch schließlich erliegt sie seinem unwiderstehlichen Charme und seiner entschlossenen Art, die Initiative zu ergreifen.

Die Kommunikation zwischen beiden scheint ausgezeichnet zu funktionieren. Das liegt daran, dass die körperliche Person in Andeutungen spricht, die von der emotionalen leicht aufgegriffen werden.

Umgekehrt spricht die emotionale Person direkt zur körperlichen, die wiederum die direkte Kommunikation der indirekten vorzieht. Die emotionale Person sagt nur wenig, ist aber ein guter Zuhörer. Die physische Person, die das Gespräch gern dominiert, freut sich, dass sie jemanden hat, der ihr zuhört. Ein Traumpaar scheint sich gefunden zu haben.

Nicht nur die Kommunikation klappt ausgezeichnet, auch in den Flitterwochen, die bis zu sechs Monate dauern können, verhält sich die emotionale Person im Bett gern wie eine körperliche. Beide schweben auf Wolke sieben, und die körperliche Person ist überzeugt, ihre große Liebe gefunden zu haben.

Doch nach etwa sechs Monaten kehren beide zu ihrem natürlichen Typus zurück. Die anfängliche Harmonie, die es ihnen ermöglicht hat, eine Zeit lang ihre Schutzmechanismen fallen zu lassen, verblasst, und ihr ursprüngliches Verhalten tritt wieder in den Vordergrund.

Der emotionale Typ zieht sich zurück und will nun viel weniger Sex. Seine Angst vor Nähe und die Tendenz, sie zu vermeiden, ist wieder da. Er fängt an, sich auf andere Dinge zu konzentrieren, die ihn auch interessieren und die nichts mit der Beziehung zu tun haben.

Das macht den körperlichen Typ verrückt, weil er oder sie das Verhalten des emotionalen Typs als Zurückweisung interpretiert und denkt, der Partner liebe ihn oder sie nicht mehr. Das wiederum führt dazu, dass sie oder er sich noch stärker nach Liebe, Sex und körperlicher Zuneigung sehnt, was wiederum zur Folge hat, dass der emotionale Typ sich noch weiter zurückzieht.

Sobald die Abwehrhaltung wieder eingenommen wird, verschlimmert sich die Situation, und daran zerbricht die Beziehung gewöhnlich. Wenn die Partner zusammenbleiben, ist es meist der emotionale Typ, der die Beziehung beherrscht. Das liegt daran, dass der physische Typ einen Großteil von sich aufgibt (siehe *verlorene Ich-Anteile*), um so viel Sex oder körperliche Zuneigung zu bekommen, wie der emotionale Typ zu geben bereit ist.

Das ist der Grund, warum viele stark aussehende physische Männer von schwächer aussehenden Frauen beherrscht werden. Eine Frau, die es versteht, diese Angst vor Zurückweisung zu manipulieren, kann ihn um den Finger wickeln.

Jetzt denken Sie vielleicht, dass zwei Menschen des gleichen Typs die ideale Beziehung haben könnten, doch das ist nicht der Fall.

Zwei physische Typen stünden im ständigen Wettbewerb miteinander und würden sich wie zwei Diven verhalten. Sie würden in Andeutungen miteinander sprechen und keiner würde den anderen verstehen. Sie würden einander ins Wort fallen und in jeder Äußerung des anderen eine Zurückweisung sehen. Es wäre eine intensive sexuelle Verbindung, aber ihre Eifersucht und ihre Besitzansprüche würden ihnen furchtbare Probleme bereiten. Sie würden sich ständig streiten. Elizabeth Taylor und Richard Burton sind ein gutes Beispiel für diese unheilvolle Verbindung.

Zwei emotionale Typen würden sich in einer Beziehung sehr schnell langweilen. Sex würde keine Rolle spielen und ihre Kommunikation wäre minimal. Die beste Überlebenschance hätte ihre Beziehung, wenn sie zusammenarbeiten würden. Ansonsten wären sie immer auf der Suche nach einer Affäre, um der Langeweile zu entkommen.

Zum Abschluss dieser Diskussion über die sexuellen Persönlichkeitstypen möchte ich Sie daran erinnern, dass es sich hier um Extreme handelt. Zwar sind die meisten Menschen entweder vorwiegend physisch oder vorwiegend emotional, aber normalerweise haben sie genügend Anteile des jeweils anderen, um dies mehr oder weniger auszugleichen.

Sie können wahrscheinlich grob einschätzen, wo auf der Skala Sie sich befinden – gut genug, um eine recht klare Vorstellung von Ihrem sexuellen Typ zu bekommen. Auch hier empfiehlt es sich, einen Vergleich mit Ihrem authentischen Ich vorzunehmen um sicherzustellen, dass es Übereinstimmungen gibt.

Wenn Sie der Sache weiter auf den Grund gehen und Ihr Sexualitätsprofil genauer bestimmen wollen, können Sie von unserer Website www.radicalforgiveness.com einen Fragebogen und eine Einstufungsskala herunterladen (nur in englischer Sprache).

Das urteilende Ich

Dieser Teil von uns ist unser schärfster Kritiker. Er ist das Ich, das rund um die Uhr über uns wacht, das an allem, was wir tun, etwas auszusetzen hat und nur selten einmal aufhört, uns zu kritisieren. Dieser Teil von uns jagt uns, wo immer er nur kann, Scham- und Schuldgefühle über alles Mögliche ein. Es ist ihm völlig gleichgültig, ob die Schuld angebracht ist oder nicht. Er nimmt alle Arten von Schuld an – Gruppenschuld, projizierte Schuld und jede andere Form von Schuld, egal woher – und haut sie uns um die Ohren.

Die beste Möglichkeit, dem urteilenden Ich etwas entgegenzusetzen, ist, seine Urteile infrage zu stellen. Sobald es versucht, Ihnen Schuldgefühle einzujagen, müssen Sie es fragen: »Habe ich diese Schuld zu Recht?« – »Ist diese Schuld angebracht oder nicht?« – »Ist es meine Schuld, oder gehört sie jemand anderem?« – »Bin ich gewillt sie anzunehmen oder nicht?« Auf diese Fragen werden wir im nächsten Kapitel zum Thema Schuld näher eingehen.

Das selbstliebende Ich

Wie der Name schon sagt, ist dies der Teil des menschlichen Wesens, der in unserem Herzen lebt und uns immer liebt, ganz gleich, was passiert. Das selbstliebende Ich liebt nicht so bedingungslos wie das ICH BIN, das niemals etwas, was wir tun, als richtig oder falsch beurteilt, sondern unseren Mängeln und Fehlern gegenüber grenzenlos tolerant ist.

Es hat ein enormes Maß an Mitgefühl für Sie und bringt Empathie für alles auf, was Sie gerade fühlen. Auf der emotionalen Ebene versteht es Sie vollkommen. Es kennt Ihre Ängste, Ihre Befürchtungen, Ihre Freuden, Ihre Träume, Ihre Vorlieben, Ihre Enttäuschungen und identifiziert sich mit ihnen.

Dieses Ich ist Ihr emotionaler Beistand und übernimmt die Verantwortung für die Steigerung Ihres Selbstwertgefühls. Dies muss es gegen den Widerstand des urteilenden Ich tun, das sich verpflichtet glaubt, Ihr Selbstwertgefühl so niedrig wie möglich zu halten.

Es ist überdies fähig, alle anderen Ich-Anteile zur Unterstützung Ihres wahren emotionalen Charakters zusammenzuführen. Es ist das große »Vermittler-Ich«.

Dies schließt den Kreis und gibt uns die Möglichkeit, das Rätsel zu lösen, das wir zu Beginn gestellt haben: Bei der herkömmlichen Vergebung gibt es keinen Unterschied zwischen dem Vergebenden und dem Vergebenen. Entgegen der Logik sind Subjekt und Objekt identisch. Es stellt sich also die Frage, wer wem vergibt.

Nun haben wir die Lösung. Sie liegt in der Tatsache, dass es verschiedene Teile unserer selbst gibt, die bezüglich unseres Tuns und unserer Entwicklung unterschiedlicher Ansicht sind. Diese Teile liefern den Subjekt-Objekt-Kontext für alle weiteren Überlegungen zu Selbstvergebung und Selbstakzeptanz.

Das selbstliebende Ich (Subjekt) vergibt dem jeweils anderen Ich, dem Archetyp oder der Subpersönlichkeit innerhalb des menschlichen Wesens (dem Vergebenen), was das urteilende Ich ihm vorwirft, getan zu haben oder zu sein. Dies löst zumindest unser logisches Problem.

Auf der praktischen Ebene ist dies noch immer keine perfekte Lösung, da der Streit zwischen dem urteilenden Ich und dem selbstliebenden Ich nur selten beigelegt wird. Das urteilende Ich kommt aus dem Kopf und besticht mit logischem Denken und überzeugenden Argumenten wie ein guter Staatsanwalt. Doch das selbstliebende Ich kommt vom Herzen. Die beiden werden niemals zusammenkommen.

Das Streitgespräch geht immer hin und her, ohne Aussicht auf eine Lösung. Kein Wunder, dass die herkömmliche Vergebung so lange dauert und nur selten auf mehr als einer oberflächlichen Ebene stattfindet.

Bei der Radikalen Selbstvergebung gibt es damit niemals ein Problem. Das liegt daran, dass der Appell zur Vergebung im Namen des menschlichen Ich immer an das ICH BIN gerichtet wird.

Wir haben also immer einen Vergebenden (das ICH BIN) und einen, dem vergeben wird (das menschliche Ich). Die Notwendigkeit einer Subjekt-Objekt-Beziehung wird bei der Radikalen Selbstvergebung leicht erfüllt.

Wenn das ICH BIN um Vergebung gebeten wird, gibt es keine Diskussion. Die Vergebung erfolgt automatisch und *unmittelbar*, weil das ICH BIN weiß, dass niemals etwas Falsches passiert ist und alles in göttlicher Ordnung war und ist. Bei der

Radikalen Selbstvergebung und Selbstakzeptanz gibt es nichts, worum gerungen und gestritten werden muss.

Wir werden dieses Thema noch eingehend behandeln, doch zunächst wollen wir dem komplexen Wesen der Schuld auf den Grund gehen.

DRITTER TEIL

Schuld und Scham

6 SCHULD

Wir können Schuld definieren als das Gefühl von Reue über etwas, was wir getan haben, aber nicht hätten tun sollen, oder nicht getan haben, aber hätten tun sollen. Schuld betrifft unser Verhalten. Schuld ist nicht gleich Scham. Scham ist ein Reuegefühl, das sich weniger um Dinge dreht, die wir getan haben, als vielmehr darum, was wir über uns selbst denken. Es gibt einen direkten Zusammenhang zwischen Schuld und Scham insofern, als unsere Schuldgefühle dazu führen können, dass wir das Gefühl haben, ein schlechter Mensch zu sein.

Die Unterscheidung zwischen Schuld und Scham hilft uns, zwischen Selbstvergebung und Selbstakzeptanz zu unterscheiden. Selbstvergebung ist ein Prozess, der uns ermöglicht, Schuld loszulassen. Selbstakzeptanz hingegen ermöglicht uns, unsere Scham zu verarbeiten. Das Verhältnis dieser beiden Begriffe lässt sich folgendermaßen darstellen:

ICH

Vergebung — Akzeptanz

für das, was ich getan habe — dessen, was ich bin

Ich habe das getan, — daher — bin ich das

SCHULD — **SCHAM**

EMOTIONALER SCHMERZ

Obwohl es offensichtlich eine starke Verbindung zwischen ihnen gibt, wie man an der Linie zwischen »Ich habe das getan« und »bin ich das« sehen kann, sind sie doch sehr unterschiedlich, weil sie zwei verschiedene Emotionen hervorrufen. Der sich ständig wiederholende Gedanke »*Ich habe das getan, also bin ich das*« verstärkt die Scham, die ohnehin bereits vorhanden ist, nur noch. Aber unter dem Strich läuft alles auf emotionalen Schmerz hinaus – Trennungsschmerz.

Schuld ist gut

Wenn wir keine Schuld fühlen könnten, wären wir emotional ebenso verkrüppelt wie jemand, der keine Angst empfinden kann. Eine wahrhaft furchtlose Person wäre niemals in der Lage, Gefahren oder Risiken einzuschätzen. Eine Person, die nicht in der Lage ist, Schuld zu empfinden, wäre ein amoralischer Soziopath.

Einer der Maßstäbe, nach denen wir die Entwicklung eines Kindes beurteilen, ist die Entwicklung des moralischen Urteilsvermögens bis zu einem bestimmten Alter. Jean Piaget, der Schweizer Entwicklungspsychologe, beschreibt diese Entwicklungsstufe als eine Voraussetzung für die Entwicklung eines reifen Menschen.

Es gehört zum Menschsein, anzuerkennen, dass wir ein komplexes Gefüge von Übereinkünften darüber haben, wie wir uns gegenüber unseren Mitmenschen, allen anderen Lebensformen und unserem Planeten zu verhalten haben. Wir bezeichnen diese Übereinkünfte als unseren »Ethikkodex«.

Ethik appelliert an unsere *Prinzipien und Werte* sowie an unseren persönlichen Sinn für *Integrität*. Wenn wir beispielsweise erklären, dass wir an Loyalität oder Treue glauben und dann auf eine Weise handeln, die genau diesen Prinzipien widerspricht, verlieren wir unsere Integrität.

Wenn wir unfähig wären, Schuld oder Scham zu empfinden, wüssten wir gar nicht, ob wir Integrität besitzen oder nicht. Werte und Prinzipien würden uns nichts bedeuten.

Ethische Prinzipien sind nicht in Stein gemeißelt, sondern können sich im Laufe der Zeit ändern. Jede Kultur hat ihren eigenen Ethikkodex und ihre eigenen Wertepriorität. Beispielsweise ist der höchste Wert in Amerika die Freiheit des Individuums, und zwar auf Kosten vieler anderer Werte. Andere hoch entwickelte Gesellschaften bewerten das Wohl der Allgemeinheit höher als das des Individuums.

Weder das eine noch das andere ist richtig oder falsch. Es hat etwas damit zu tun, wie sich eine Kultur über einen langen Zeitraum hinweg entwickelt hat. Viele der Prinzipien, die wir in unserer westlichen Zivilisation schätzen, gehen auf die griechische Antike zurück.

Moral unterscheidet sich von Ethik dadurch, dass sie nicht zwangsläufig auf tief verwurzelten Prinzipien beruht, sondern lediglich auf der *kollektiven* Billigung (oder Ablehnung) von Dingen, die in der jeweiligen Zeit für »richtig« oder »falsch« gehalten werden. Man richtet sich dabei nach dem jeweils vorherrschenden *Moralkodex*, der weniger auf rationaler Erkenntnis als vielmehr auf Einstellungen, Vorurteilen, Denkgewohnheiten, sozialem Erwartungsdruck und so weiter beruht. Die Moral kann sich sehr schnell ändern, besonders von einer Generation zur nächsten.

Ein gutes Beispiel dafür, wie schnell sich ein moralisches Gesetz ändern kann, ist die Einstellung zur Homosexualität heute gegenüber vor zwanzig oder dreißig Jahren. Damals galt sie als vollkommen unmoralisch. Wenn man einmal von jenen religiösen Eiferern absieht, die Homosexualität aufgrund von Textstellen in der Bibel ablehnen, gilt sie heute, zumindest in der westlichen Welt, als durchaus salonfähig. Wie sehr sich die Einstellung zur Homosexualität geändert hat, wird daran deutlich, dass mittlerweile in vielen Staaten Frauen Frauen und Männer Männer heiraten dürfen.

Es gibt übrigens die Meinung, ohne eine Religion, die den entsprechenden Moralkodex liefert, sei es unmöglich, ein moralischer Mensch zu sein. Dies mag für Menschen zutreffen, die nicht in der Lage sind, für sich selbst zu denken. Aber für verantwortlich denkende Menschen, meine ich, ist so etwas beleidigend. Ich stimme meinen Moralkodex auf ethische Prinzipien ab und nicht auf religiöse Vorschriften, die mir von einer externen Autorität gegeben werden. Ein Atheist ist ebenso in der Lage, sich moralisch und ethisch einwandfrei zu verhalten wie eine religiöse Person.

Woher Sie Ihren Kodex bekommen, spielt keine Rolle. Wichtig ist nur, dass Sie einen haben. Er wird gebraucht, um das Gewissen zu leiten. Und um ein Gewissen zu haben, bedarf es eines gut entwickelten, vorausschauenden Schuldbewusstseins. Ein vollständig entwickeltes Gewissen wird aus der persönlichen Erfahrung des Ringens mit Prinzipien geschmiedet – nicht durch Nachschlagen in irgendeinem Regelwerk.

Vorausschauendes Schuldbewusstsein ist ein innerer ethischer und moralischer Kompass und hindert uns – hoffentlich – daran, Dinge zu tun, die eine Übereinkunft verletzen würden. Es ist eine Art »Schuldvermeidungssystem«. Wenn wir versucht sind, auf eine Weise zu handeln, die gegen den rechtlichen oder moralischen Kodex unserer Zeit verstößt, bedenken wir, wie wir uns anschließend fühlen würden. Und je nachdem, wie viel Schuld wir unserer Meinung nach anschließend verspüren, handeln wir dann so oder lassen es bleiben. Die Schuld könnte immerhin so groß sein, dass sie unerträglich wird.

Eine naheliegende Situation, in der diese Entscheidung eine Rolle spielt, ist die Versuchung, sich auf eine außereheliche Affäre einzulassen. Die Versuchung könnte ebenso groß sein wie die freudige Erwartung der künftigen Vergnügen. Doch wenn man Prinzipien wie Treue und Respekt hochhält, ist es gut möglich, dass das vorausschauende Schuldbewusstsein auf den Plan tritt. Eine Schlacht zwischen zwei widerstreitenden Prinzipien wird entfacht – Freiheit oder Treue zum Partner. Wie der Konflikt gelöst wird, ist eine Gewissensfrage.

Darüber hinaus haben wir Regeln (Gesetze), die festlegen, auf welche Weise man zur Rechenschaft gezogen wird, wenn man sich nicht an diese Übereinkünfte hält. Diese Regeln werden unter Bezugnahme auf einen vereinbarten *Rechtskodex* interpretiert von den entsprechenden Instanzen durchgesetzt.

Wenn der Bruch der Übereinkünfte eine ernsthafte Verletzung des Moralkodex darstellt, kann die Gesellschaft ihre eigene Bestrafung verlangen – sogar in Fällen, in denen kein Gesetz übertreten wurde. Diese Bestrafung kann in einer mehr oder weniger subtilen Diskriminierung, Ächtung, beruflichen Ausgrenzung, Verleumdung in den Medien oder Ähnlichem bestehen und schlimme Folgen haben.

Rückblickende Schuld ist die Schuld, die wir verspüren, wenn wir etwas »falsch« gemacht haben. Dagegen hilft nichts. Was getan ist, ist getan, da helfen auch keine Entschuldigungen mehr. Außerdem sind Entschuldigungen hauptsächlich dazu da, dass der andere sich besser fühlt, nicht um die eigene Schuld zu verringern.

Wir sind jedoch noch immer in der Lage zu entscheiden, ob die Schuld berechtigt ist oder nicht und ob sie angemessen ist oder nicht. Wie wir gesehen haben, ist dies dem urteilenden Ich ziemlich egal. Doch wenn wir unsere Schuld für unangemessen halten, können wir dem Sperrfeuer der Kritik, mit dem das urteilende Ich uns konfrontiert, etwas Legitimes entgegensetzen. Worin besteht nun der Unterschied zwischen angemessener und unangemessener Schuld?

Angemessene rückblickende Schuld

Wenn ich eine Übereinkunft gebrochen habe, ist es angebracht, dass ich mich schuldig fühle. Wenn ich mich beispielsweise betrinke, ins Auto steige und einen Fußgänger anfahre, tue ich gut daran, mich schuldig zu fühlen. Ich habe mich schlecht benommen, und die Konsequenzen meines Handelns sind fatal. Meine Schuld ist angemessen. Ich verspüre meine Schuldgefühle zu Recht. Ich habe sie verdient. Es ist meine Art, meine Verantwortung zu spüren und so etwas wie »Selbstjustiz« zu üben. Meine Schuldgefühle sind ein Indiz dafür, dass ich ein gut ausgeprägtes Gewissen habe. Ich kann aus meiner Schuld etwas lernen.

Unangemessene rückblickende Schuld

Wenn ich andererseits sehr vorsichtig fahre, und plötzlich wechselt ein Radfahrer vor mir die Spur, sodass ich keine Möglichkeit mehr habe, ihm auszuweichen oder zu bremsen, weswegen ich ihn anfahre, wären Schuldgefühle unangemessen.

Es wäre für mich schmerzlich, und ich würde es natürlich sehr bedauern, aber ich hätte keine Schuldgefühle. Ich hätte nicht das Recht, mich schuldig zu fühlen. Ich hätte die Schuld nicht verdient.

Ich sollte mich deswegen ganz und gar nicht schuldig fühlen, und das sollte ich meinem urteilenden Ich zu verstehen geben. Dies wäre auch notwendig, denn das urteilende Ich würde zweifellos die Gelegenheit ergreifen und mich binnen Sekunden in den schrillsten Tönen verurteilen, und zwar ungeachtet der Tatsache, dass ich in keiner Weise an dem Unfall schuld war.

Unsere Schuldgefühle sind unangemessen, wenn wir uns für etwas verantwortlich machen, das wir nicht bewusst entschieden haben, worüber wir keine Kontrolle hatten, das nicht in unserer Verantwortung lag und wofür man uns auch nicht verantwortlich machen kann. Oft sagen Leute: »Hätte ich nur …«, selbst wenn sie eindeutig keine Möglichkeit hatten, etwas an einem bestimmten Ereignis zu ändern.

Schuldgefühle von Überlebenden einer Katastrophe sind eine Form von unangemessener Schuld. Sie treten auf, wenn beispielsweise mehrere Personen in einem Feuer umkommen und ein Überlebender sich schuldig fühlt, weil er nicht ebenfalls gestorben ist.

Übernommene Schuldgefühle entstehen, wenn wir uns schuldig fühlen, weil wir denken, wir müssten es. Wir spüren irgendwie, dass andere denken, wir seien schuld, und fühlen uns schuldig, obwohl wir unschuldig sind – besonders wenn wir uns in ihrer Gegenwart befinden. Dies ist eine unangemessene Emotion, die aus gegenseitiger Abhängigkeit entspringt. Es ist jedoch nicht leicht, solche Einflüsse zu ignorieren, besonders wenn die ganze Gesellschaft Sie für den Schuldigen hält.

Gruppenschuld tritt auf, wenn Sie sich für das schuldig fühlen, was andere getan haben, die mit Ihnen in Verbindung stehen. Eltern fühlen sich oft schuldig für die Taten ihrer Kinder. Auch das entspringt der gegenseitigen Abhängigkeit. (Es kann jedoch sein, dass sie sich zu Recht schuldig fühlen, weil Sie keine guten Eltern sind.)

Lassen Sie sich keine projizierten Schuldgefühle andrehen! Dies kann passieren, wenn andere sich schuldig fühlen, aber ihre Gefühle nicht zulassen, sondern auf Sie projizieren. Diese Menschen nehmen eine Vorwurfshaltung ein und versuchen, Ihnen die Schuld in die Schuhe zu schieben. Es kann passieren, dass Sie auf so etwas reinfallen, wenn Sie koabhängig sind, aber natürlich handelt es sich hier um unangemessene Schuld.

7 SCHAM

Während Schuld die Reue über unser Tun ist, ist Scham die Reue darüber, dass wir so sind, wie wir zu sein glauben. Beschämt zu werden heißt, dazu gebracht zu werden, sich wertlos, schlecht, unwürdig, minderwertig und einfach miserabel zu fühlen. Die Folge einer ständigen, tiefen Beschämung ist ein Gefühl der Selbstverachtung.

Wie in der Einleitung dargestellt wurde, ist Selbstverachtung auffällig häufig. Sie kann von einem diffusen Gefühl, dass etwas mit einem nicht in Ordnung sei, bis hin zu echtem Selbsthass reichen, der sich in extremer Weise in Selbstverstümmelung und anderen Formen der Selbstbestrafung, ja sogar Selbstmord zum Ausdruck bringt.

Es gibt einen deutlichen Zusammenhang zwischen Schuld und Scham, und Vieles gilt für Scham- und Schuldgefühle gleichermaßen. Das urteilende Ich zum Beispiel verkündet nicht nur lautstark, was Sie alles falsch gemacht haben, sondern stellt auch unverzüglich fest, dass alles *Ihre* Schuld ist.

Das sabotierende Ich ist außerdem darauf bedacht, Ihnen Probleme zu machen, indem es einige Ihrer beschämenden, negativen Überzeugungen über sich selbst bekräftigt, zum Beispiel: »Ich bin nichts wert«, »Ich bin ein schlechter Mensch«, »Ich bin nicht gut genug«. Überzeugungen wie diese werden zur Basis für neue, umfassendere Glaubenssätze wie:

»Ich bin nichts wert, also werden andere mich niemals schätzen oder es nicht für wichtig halten, mir zuzuhören.«

»Ich bin ein schlechter Mensch, und niemand will mich. Ich werde immer allein bleiben.«

»Ich bin nicht gut. Also werde ich es im Leben auch nicht weit bringen.«

Wie schädlich ist eine Überzeugung, die auf Scham basiert?

Sehr schädlich! So schädlich, dass sie jemanden buchstäblich ums Leben bringen kann. Der Psychotherapeut, Autor und Forscher Lawrence LeShan hat ein Leben lang mit Krebspatienten gearbeitet und dabei die körperlich-seelischen Ursachen für Krebs studiert. In seinem Buch *Cancer as a Turning Point* (»Krebs als Wendepunkt«) stellt er seine Entdeckung vor, dass praktisch alle Krebspatienten, mit denen er jemals gearbeitet hat, eine bestimmte Überzeugung gemeinsam hatten.

»Wenn ich so erscheine, wie ich bin (schlecht, furchtbar, hässlich, unwert, dumm usw.), wird mich niemand lieben. Um geliebt zu werden, muss ich daher vorgeben, jemand zu sein, der ich nicht bin.«

Sie haben vielleicht schon festgestellt, dass Menschen, die Krebs bekommen, meistens »sehr nett« sind. Das liegt daran, dass sie ihr Leben damit verbringen, es anderen recht zu machen, dass sie sich immer so verhalten, wie andere es gern hätten, sich selbst immer hintanstellen, für andere sorgen, Konflikte vermeiden und alles tun, was nötig ist, um akzeptiert zu werden. (O. Carl Simonton: *The Cancer Personality* – Die Krebs-Persönlichkeit.)

Ihr ganzes Leben besteht darin, anders zu erscheinen, als sie wirklich sind, um geliebt und akzeptiert zu werden. Sie haben sich quasi verkauft. Doch das Schlimmste ist: In ihrem tiefsten Inneren sind sie immer noch überzeugt, dass sie einfach nicht geliebt werden können.

Es ist daher nicht verwunderlich, dass tief in ihnen Wut und Groll brodeln. Sie sind wütend auf alle, die dafür gesorgt haben, dass sie sich so fühlen. Sie sind wütend auf sich selbst, weil sie das glauben und sich verkaufen, nur um Bestätigung zu bekommen. Doch dies alles wird so stark verdrängt, dass sie keine Ahnung haben, dass es so ist, und natürlich werden sie es niemals zeigen.

Diese unterdrückten Energien (*Wut, Groll und Zorn*) suchen sich ein Ventil und kommen irgendwann in Form von körperlichen Beschwerden ans Licht. Wenn die giftigen, negativen Kernüberzeugungen dieser Menschen sie nicht umbringen, werden sie höchstwahrscheinlich dazu führen, dass sie ein ärmliches, beschränktes, unsicheres und möglicherweise sogar vollkommen liebloses Leben führen.

Der Transformationsprozess dieser negativen Kernüberzeugungen läuft in fünf Schritten ab:

1. Entdecken
2. Erkennen
3. Auswerten
4. Neutralisieren
5. Transformieren

Im Folgenden werden wir jeden dieser Schritte genau beschreiben.

Erster Schritt: Kernüberzeugungen entdecken

Wenn Sie bereits ein wenig mit Ihrem urteilenden Ich vertraut sind, ist es gut möglich, dass Sie auch einige Ihrer Kernüberzeugungen kennen, die sich Tag für Tag in Ihrem Kopf festsetzen. Es kann sein, dass Ihr urteilendes Ich bestimmte Codewörter für diese Kernüberzeugungen hat, doch wenn Sie genau hinhören (das heißt, in diesem Fall der Beobachter sind), können Sie die wichtigsten negativen Kernüberzeugungen, die diese konstante Tirade der Selbstverurteilung antreiben, nach und nach entdecken.

Um herauszufinden, worin die Kernüberzeugungen bestehen, die tiefer im Unbewussten schlummern, ist möglicherweise etwas Detektivarbeit nötig. Diese wird noch erschwert durch die Tatsache, dass sich Ihr urteilendes Ich und Ihr sabotierendes Ich ständig verschwören und dafür sorgen, dass all diese Kernüberzeugungen zur Grundlage Ihres Handelns werden. So entsteht der Eindruck, sie seien tatsächlich wahr, denn schließlich erweisen sie sich stets aufs Neue als zutreffend. Das geht so weit, dass diese Kernüberzeugungen Ihre gesamte Realität erzeugen.

Dies kann Ihr Leben zwar erheblich einschränken, wenn alles so bleibt, wie es ist, aber es ist von Vorteil, wenn es um die Entdeckung Ihrer Kernüberzeugungen geht. Denn wie ich in Kapitel 5 bereits ausgeführt habe, können Sie aus den Ereignissen in Ihrem Leben schlussfolgern, worin Ihre unbewussten Kernüberzeugungen bestehen. Das Leben wird Ihnen immer einen Spiegel vorhalten, in dem Sie Ihre Kernüberzeugungen erkennen können, ganz gleich, wo Sie sich gerade befinden. Ein Beispiel:

Beobachtung: Ich habe nicht viel vom Leben.

Wahrscheinliche Kernüberzeugung: *»Ich habe es nicht besser verdient und bin es nicht wert.«*

Beobachtung: Anscheinend geht bei mir immer alles schief.

Wahrscheinliche Kernüberzeugung: *»Mir wird nie etwas gelingen.«*

Beobachtung: Ich muss immer schwer arbeiten, um zu überleben.

Wahrscheinliche Kernüberzeugung: *»Mein Leben ist ein Kampf.«*

Außerdem werden Sie nach dem Gesetz der Anziehung immer Menschen in Ihr Leben ziehen, von denen Sie entsprechend Ihrer Kernüberzeugungen behandelt werden. Dies hilft Ihnen sogar, noch mehr zu entdecken, worin Ihre Kernüberzeugungen bestehen. Ein Beispiel:

Beobachtung: Meine Mitmenschen scheinen keine Notiz von mir zu nehmen.

Wahrscheinliche Kernüberzeugung: *»Ich bin unsichtbar.«*

Beobachtung: Meine Mitmenschen hören mir nicht zu.

Wahrscheinliche Kernüberzeugung: *»Ich habe nichts Nennenswertes zu sagen.«*

Beobachtung: Meine Mitmenschen versuchen immer, mich zu ändern.

Wahrscheinliche Kernüberzeugung: *»Ich bin so, wie ich bin, nicht in Ordnung.«*

Beobachtung: Meine Mitmenschen scheinen mich zu ignorieren oder zu übersehen.

Wahrscheinliche Kernüberzeugung: *»Ich bin unsichtbar.«*

Beobachtung: Meine Beziehungen halten nie lange.

Wahrscheinliche Kernüberzeugung: *»Mich kann man nicht lieben.«*

Forschungsübung 8: Meine auf Scham basierenden negativen Kernüberzeugungen

Schauen Sie sich die folgenden Kernüberzeugungen an. Wenn Sie aufgrund dessen, was in Ihrem Leben vor sich geht, der Meinung sind, dass Sie eine oder mehrere dieser Kernüberzeugungen in sich tragen könnten, kreuzen Sie sie an.

- ☐ Um geliebt zu werden, muss ich perfekt sein.
- ☐ Wenn ich so erscheine, wie ich bin, wird mich niemand lieben.
- ☐ Ich muss um alles kämpfen. Mir fällt nichts zu.
- ☐ Ich bin nie genug.
- ☐ Ich verdiene nicht, geliebt zu werden.
- ☐ Andere sind wichtiger als ich.
- ☐ Ich spiele keine Rolle.
- ☐ Mir gelingt nie etwas.
- ☐ Ich mache immer alles falsch.
- ☐ Ich bin es nicht wert, geliebt zu werden.
- ☐ Ich verdiene nicht …
- ☐ Allein werde ich es nie schaffen.
- ☐ Mein Leben ist nicht viel wert.
- ☐ Ich werde immer ausgeschlossen.
- ☐ Ich kann niemandem vertrauen.
- ☐ Ich bin unsichtbar und werde nur selten zur Kenntnis genommen.
- ☐ Ich bin ganz allein in der Welt.
- ☐ Ich bin es nicht wert, Geld zu haben oder reich zu sein.
- ☐ Um geliebt zu werden, muss ich krank sein.

- ☐ Ich bin niemals gut genug.
- ☐ Ich werde immer allein sein.
- ☐ Um geliebt zu werden, muss ich anders sein, als ich wirklich bin.
- ☐ Es gibt für mich nie genug.
- ☐ Wahrscheinlich stimmt mit mir irgendetwas nicht.
- ☐ Ich muss die Oberhand behalten.
- ☐ Ich werde nie genug Geld haben.
- ☐ Ich werde nie Erfolg haben.
- ☐ Ich habe immer Pech.
- ☐ Ich kriege nie, was ich wirklich will.
- ☐ So wie ich bin, bin ich einfach nicht liebenswert.
- ☐ Ich bin ein Versager.
- ☐ Ich muss mir alles schwer erarbeiten.
- ☐ Wenn ich mein Herz öffne, werde ich verletzt.
- ☐ Ich bin nicht liebenswert.
- ☐ Ich bin niemals gut genug.
- ☐ Es ist nicht sicher, ich selbst zu sein.
- ☐ Ich mache ständig Fehler.
- ☐ Ich wünschte, ich wäre nie geboren worden.
- ☐ Wenn ich die Wahrheit sage, werde ich verlassen.
- ☐ Meine Gefühle sind nicht wichtig.
- ☐ Ich schaffe mir meine eigene (schlechte) Realität.
- ☐ Mit mir ist seelisch etwas nicht in Ordnung.
- ☐ Ich bin nicht schlau genug.
- ☐ Ich mache anderen Angst.

Zweiter Schritt: Die Stimmen aus der Vergangenheit erkennen

Ihr innerer Kritiker und Ihr urteilendes Ich haben diese Kernüberzeugungen nicht einfach aus der Luft gegriffen. Sie kommen irgendwoher oder, genauer gesagt, von irgendjemandem. Jemand hat Sie irgendwann so beschämt, dass Sie angefangen haben zu glauben, das zu sein, was Sie jetzt über sich denken.

Wessen Stimme war es, die Sie davon überzeugt hat, dass mit Ihnen etwas nicht in Ordnung ist? Wir können davon ausgehen, dass die meisten unserer Kernüberzeugungen über uns selbst in frühester Kindheit entstehen. In der Regel haben unsere Eltern in dieser Hinsicht den größten Einfluss auf uns.

Sie lehren uns mehr oder weniger alles, was wir über uns wissen, und zwar dadurch, dass sie zu uns oder über uns sprechen (oder nicht sprechen), dass sie etwas für uns tun (oder uns antun) und auf uns reagieren, wenn wir es wagen, uns so zu verhalten, wie es uns wirklich entspricht.

Dies ist eine Rolle, die Eltern von Natur aus zufällt – sie haben diesbezüglich keine Wahl. *(Wenn Sie selbst Kinder haben, dürfte Ihnen das bekannt vorkommen. Sie spielen diese Rolle, ob Sie es wollen oder nicht.)* Eltern verfügen über keinerlei Ausbildung oder Vorbereitung darauf und sind sich in den meisten Fällen nicht einmal der schwerwiegenden Verantwortung bewusst, die schon vor der Geburt ihrer Kinder übernehmen. Sie geben zwar ihr Bestes, sind aber wenig auf ihre Aufgabe vorbereitet, wissen kaum etwas darüber und verfügen in der Regel über nicht mehr als ein absolutes Mindestmaß an Hilfsmitteln, um einen werdenden Menschen in seiner Entwicklung zu unterstützen.

Erschwerend kommt hinzu, dass die meisten Eltern, genau wie alle anderen Menschen, in ihrer Kindheit emotionale Wunden davongetragen haben. Auch sie neigen dazu, ihren Schmerz auf ihre Mitmenschen zu projizieren, und zwar in erster Linie auf diejenigen, die ihnen am nächsten stehen, die sie am meisten beeinflussen können und über die sie die meiste Macht haben: ihre Kinder.

Außerdem haben sie keine Wahl, wenn es darum geht, ihre eigenen Werte und Moralvorstellungen, Verhaltensregeln, Fertigkeiten, Einstellungen, Vorteile, Träume, Denkgewohnheiten und Vieles mehr an ihre Kinder weiterzugeben. Es ist ihnen schlicht unmöglich, dies nicht zu tun.

Wenn wir all das berücksichtigen, ist es kaum verwunderlich, dass die meisten von uns aus der Art und Weise, wie ihre Eltern ihre Rolle ausfüllten, schlussfolgerten, dass sie irgendwie nicht in Ordnung und auf ihre individuelle Art mit Mängeln behaftet sind und dass demnach gar nicht zu erwarten ist, dass sie jemals erfolgreich, reich oder einflussreich sein werden oder etwas Dergleichen verdient haben.

Bedenken Sie auch, dass wissenschaftlichen Forschungen zufolge Kinder selbst in Familien, die wir als »nett« bezeichnen würden, für jede positive Bemerkung über sich selbst etwa zwanzig negative zu hören bekommen. Hinzu kommt die schädlichste Form von Bestrafung, die von den meisten Eltern – besonders in Mittelschichtfamilien – am häufigsten eingesetzt wird: ständiger Liebesentzug. Wenn Sie all das in Betracht ziehen, werden Sie verstehen, warum sich so viele Menschen nicht liebenswert finden.

Weiter oben habe ich gesagt, dass uns unsere Eltern beigebracht haben, was wir von uns denken. Das stimmt jedoch nicht ganz. Bis auf jene, die eindeutig absichtlich und auf grausame Weise von ihren Eltern beschämt wurden, haben die meisten von uns aus den Worten und dem Verhalten ihrer Eltern *geschlussfolgert*, was für Menschen sie sind beziehungsweise werden würden. In den meisten Fällen lagen sie völlig daneben.

Warum unsere Kernüberzeugungen fast immer falsch sind

Im ersten Kapitel meines Buches *Ich vergebe – Der radikale Abschied vom Opferdasein* erzähle ich die wahre Geschichte meiner Schwester Jill, die das Gefühl hatte, *nicht gut genug* zu sein, weil sie aus dem Verhalten ihres Vaters (der sie zum Beispiel nur selten auf den Schoß genommen hatte) geschlossen hatte, er liebe sie nicht. Dies entsprach zwar nicht der Wahrheit, aber sie hatte es damals so wahrgenommen.

Nun zog sie aus ihrer ursprünglichen Deutung der Situation den Schluss, wenn ihr eigener Vater sie nicht lieben konnte oder wollte, sei sie für ihn nicht gut genug gewesen. Daraus folgte für sie, dass sie niemals gut genug für *irgendeinen* Mann sein würde.

Dies wurde zu ihrer wichtigsten negativen Kernüberzeugung und sie sorgte dafür, dass sie sich in ihrem Leben immer wieder bewahrheitete. Erst als ihre letzte Ehe kurz vor dem Aus stand, war sie endlich imstande zu sehen, wie ihr Mann ihr diese Kernüberzeugung spiegelte, indem er sie so behandelte, als sei sie in der Tat nicht gut genug. *(Sie können diese Geschichte von der Website www.tipping-methode.de kostenlos herunterladen.)*

Diese Geschichte macht deutlich, wie wir aus der Art und Weise, wie andere mit uns umgehen, schlussfolgern, was wir für Menschen sind. Wenn wir täglich geschlagen werden, schließen wir daraus, dass wir es verdient haben und mit einem erheblichen Makel behaftet sein müssen. Wir nehmen diese Kernüberzeugung mit ins Grab, weil wir nicht sehen können, dass der Mann oder die Frau, die uns geschlagen hat, selbst zutiefst verletzt und mit Mängeln behaftet war und dass es gar nicht um uns ging. Es ging um sie.

Wenn Sie nun das Bedürfnis haben, mit der Vergebungsarbeit gegenüber Ihren Eltern zu beginnen, die Sie vielleicht schlecht behandelt und Ihnen das Gefühl gegeben haben, mit Ihnen sei etwas nicht in Ordnung, dann sollten Sie das Arbeitsblatt zur Radikalen Vergebung verwenden. *(Im Internet von der Website www.tipping-methode.de kostenlos herunterzuladen.)*

Dritter Schritt: Auswertung der Kernüberzeugungen

Dieser Schritt erfordert ein gewisses Maß an Ehrlichkeit und Mut. Sie müssen sich nämlich der Tatsache stellen, dass die meisten Ihrer Kernüberzeugungen über sich selbst zwar durchaus falsch sein mögen, einige Dinge, für die Sie von anderen kritisiert oder gar bestraft werden, aber doch ein Fünkchen Wahrheit enthalten könnten. Sollte dies der Fall sein, ist es von entscheidender Bedeutung, dass Sie sich diese Dinge zu eigen machen und akzeptieren – selbst wenn sie nicht schön sind.

Es ist beispielsweise möglich, dass man Sie als faul, antriebsschwach, unordentlich, unsozial, geizig, überempfindlich, unsportlich, nicht intelligent genug und so weiter bezeichnet hat. Und möglicherweise werden Sie bis auf den heutigen Tag wegen einiger dieser Dinge kritisiert.

Tatsache ist, dass Sie möglicherweise wirklich eine solche Person waren und heute noch sind. So sind Sie eben.

(Schauen Sie sich die Liste der Eigenschaften, die Sie als Teil Ihres authentischen Ich erkannt haben, noch einmal an, und prüfen Sie, ob die Eigenschaften, für die Sie sich schämen, darin auftauchen.)

Wichtig zu verstehen ist jedoch, dass das Problem nicht zu Ihnen gehört, sondern zu der Person, die Sie beurteilt. Es ist nicht Ihr Problem, sondern das Problem der anderen Person. Wenn Sie deren Urteil nicht mögen, könnten Sie einfach sagen, dass Sie keinen Wert darauf legen.

Als Kind hatten Sie nicht die Möglichkeit, Ihrer Mutter oder Ihrem Vater, älteren Geschwistern, Lehrern oder Priestern so etwas zu sagen. Außerdem dachten Sie damals, dass diese Personen immer recht hätten. Also gingen Sie davon aus, dass das, was sie sagten, der Wahrheit entspräche und es nicht in Ordnung wäre, Ihr authentisches Ich zu zeigen.

Forschungsübung 9: Wahre/falsche negative Kernüberzeugungen

Schauen Sie sich die Liste der negativen Kernüberzeugungen noch einmal an, und wählen Sie die aus, die aufgrund von Urteilen Ihrer Eltern und anderer entstanden sind. Prüfen Sie, ob diese Kernüberzeugungen wahr, falsch oder teilweise wahr sind. Beispiele:

zu unordentlich, nie zufrieden, unentschlossen, unsozial, nicht intelligent, undiszipliniert, zu empfindlich, nicht männlich genug, meckert immer, ist ein Bücherwurm, macht sich zu viele Gedanken, kann nicht stillsitzen, ungehorsam, wild, zu verführerisch, heimlichtuerisch, neugierig und so weiter.

Welche dieser Eigenschaften würden Sie für wahr oder teilweise wahr halten, wenn Sie ehrlich beschreiben sollten, wie Sie jetzt sind? Stufen Sie jede dieser Eigenschaften auf einer Skala zwischen 0 und 100 ein, wobei 100 für »vollkommen wahr« und 0 für »absolut unwahr« steht.

☐ ... ________________________ % wahr _____
☐ ... ________________________ % wahr _____
☐ ... ________________________ % wahr _____
☐ ... ________________________ % wahr _____
☐ ... ________________________ % wahr _____
☐ ... ________________________ % wahr _____
☐ ... ________________________ % wahr _____
☐ ... ________________________ % wahr _____
☐ ... ________________________ % wahr _____
☐ ... ________________________ % wahr _____
☐ ... ________________________ % wahr _____
☐ ... ________________________ % wahr _____
☐ ... ________________________ % wahr _____
☐ ... ________________________ % wahr _____

Vierter Schritt: Kernüberzeugungen neutralisieren

Die einzige Möglichkeit, negative Kernüberzeugungen zu neutralisieren, besteht darin, ihnen keine Energie mehr zu geben. Das kann man zum Beispiel tun, indem man das, was kritisiert wird, umdreht und in einem positiveren Licht sieht.

Wenn Sie beispielsweise als undiszipliniert kritisiert wurden, kann dies auch als Indiz für Ihren kreativen Verstand gesehen werden, der unkonventionell denkt und neue Lösungen für alte Probleme findet.

Wenn Sie es so sehen, nehmen Sie der ursprünglichen Kritik ihre Schärfe und neutralisieren die auf Scham basierende Kernüberzeugung.

Forschungsübung 10: Umkehrung negativer Kernüberzeugungen

Schauen Sie sich Ihre negativen Kernüberzeugungen an, und überlegen Sie, welche davon in ein positives Licht gerückt werden könnten. Versuchen Sie, für jede eine positive Deutung zu finden. Hier einige Beispiele:

»Ich wirke unordentlich, weil ich keinen Wert auf Äußeres lege. Ich bin aber nun mal eher bewegungsorientiert und stimme mich mehr auf meine Gefühle ein. Innere Werte sind mir wichtig, nicht die äußere Erscheinung.«

»Ich bin nicht unsozial. Ich bin nur gern allein und entscheide sorgfältig, mit wem ich zusammen sein möchte.«

»Ich mag manchen undiszipliniert und zerstreut vorkommen, aber das ist in Wirklichkeit ein Missverständnis. Ich bin nämlich kreativ und mache gern mehrere Dinge auf einmal. Man nennt dies auch ›Multitasking‹, und es gilt als wertvolles Talent.«

»Man hält mich für neugierig, doch ich bin in Wirklichkeit wissbegierig und gehe gern den Dingen auf den Grund – ein Zeichen für gesunden Menschenverstand.«

Schreiben Sie die Kernüberzeugungen, die in einem positiven Licht dargestellt werden können, entweder hier hin oder in ein Tagebuch.

- ☐ … ____________________
- ☐ … ____________________
- ☐ … ____________________
- ☐ … ____________________
- ☐ … ____________________

Das ist der leichtere Teil. Aber nehmen wir mal an, das, wofür Sie kritisiert werden, hat ganz und gar nichts Positives oder jedenfalls sehen Sie nichts Positives daran? Angenommen, Sie sind von Grund auf unehrlich, gemein oder grausam. Können Sie diese Eigenschaften ebenfalls akzeptieren? Das ist schon schwieriger, nicht wahr? Darum wird es im fünften Schritt gehen.

Anmerkung: Die Neubewertung einer negativen Eigenschaft als positives Attribut ist etwas anderes als das Aussprechen einer Affirmation. Eine Affirmation ist lediglich eine Aussage, die gewöhnlich einer negativen Kernüberzeugung entgegengesetzt ist und bekräftigt, dass Sie an das Positive glauben, selbst wenn dies (noch) nicht der Fall ist. Dahinter steht die Hoffnung, dass Sie die negative Kernüberzeugung dadurch außer Kraft setzen können, dass Sie das positive Gegenteil häufig genug sagen. Das passiert jedoch nie.

Affirmationen sind sehr schwach, denn sie kommen aus Ihrem Bewusstsein und sind nur eine weitere Form von Verneinung. Die negative Kernüberzeugung, die Sie mit der Affirmation eliminieren wollen, ist hingegen voll in Ihrem Unterbewusstsein lebendig und viel wirkungsvoller als die Affirmation. Sie wird so schnell nicht weichen. Wenn es hart auf hart kommt und die Kernüberzeugung aktiviert wird, wird sie die Affirmation einfach vom Tisch fegen.

Fünfter Schritt: Kernüberzeugungen transformieren

Die einzige Möglichkeit, diese Kernüberzeugungen vollständig zu transformieren, besteht nicht darin, sie beseitigen oder ändern zu wollen, sondern darin, sie so zu akzeptieren, wie sie sind. Dies ist nicht das Werk des Egos. Es kann nur durch die Mithilfe jenes Teils unserer Psyche geschehen, den wir spirituelle Intelligenz nennen.

Dies ist der Teil von uns, der die Wahrheit darüber kennt, wer wir sind, warum wir diese Kernüberzeugungen übernommen haben und welchen Wert sie für unser spirituelles Wachstum haben. Es ist außerdem jener Teil von uns, der mit der kosmischen Intelligenz verbunden ist.

Wir können unsere spirituelle Intelligenz aktivieren, indem wir die Arbeitsblätter und andere Werkzeuge einsetzen, die im

Rahmen der Methode »Radikale Vergebung« bereitgestellt werden. In diesem Fall ist es das Arbeitsblatt zur Radikalen Selbstakzeptanz. Nur durch den Gebrauch eines dieser Werkzeuge kann die Transformation geschehen. Im sechsten Teil werden diese ausführlich vorgestellt.

Zum Abschluss dieses Teils und zur Zusammenfassung empfehle ich die folgende Forschungsübung.

Forschungsübung 11: Wer bin ich?

Schreiben Sie in Ihr Tagebuch oder auf ein Blatt Papier eine lockere, aber treffende Beschreibung der Person, die Sie heute sind. Schildern Sie alle Ihre Eigenarten – sowohl die guten als auch die weniger guten. Sie haben die Teile von sich, die Sie in der Vergangenheit verstoßen hatten, wieder angenommen und die Teile, die Sie niemals mochten und für die Sie verurteilt wurden, akzeptiert. Sie haben die Teile, die Sie abgegeben oder eingetauscht hatten, wiedererlangt und die Teile, die Sie nur erschaffen hatten, um es anderen recht zu machen, fallen gelassen. Erfreuen Sie sich an Ihrer Einzigartigkeit und an Ihrer neu gefundenen Ganzheit.

Schreiben Sie selbstbewusst über Ihre Eigenarten: »Das bin ich!«

Am Ende könnten Sie sogar so etwas sagen wie: »Und wenn es euch nicht passt, ist das euer Problem.«

VIERTER TEIL

Der Prozess der Radikalen Selbstvergebung

8 WAS ICH GLAUBE

Wir sind in den vergangenen Kapiteln dem Wesen des Ich auf den Grund gegangen und haben analysiert, wie Sie sich der Welt zeigen. Das letzte Kapitel endete mit der Einladung, eine allgemeine Erklärung darüber abzugeben, wer Sie sind. In diesem Kapitel geht es darum, eine Antwort auf die Frage »Was glaube ich?« zu finden.

Dies wird besonders deshalb hilfreich sein, weil Sie mittlerweile wahrscheinlich bemerkt haben, dass herkömmliche Vergebung und Radikale Vergebung ihren Ursprung in zwei völlig unterschiedlichen Weltanschauungen haben. Wenn Sie wissen, wie Ihre Kernüberzeugungen in diese Diskussion passen, wird Ihnen dies bei der Entscheidung helfen, ob Ihnen die herkömmliche Vergebung genügt, oder ob Sie bereit sind, sich auf Radikale Selbstvergebung und Selbstakzeptanz einzulassen.

Letzteren ist der Rest dieses Buchs gewidmet. Das heißt aber nicht, dass das, was wir bisher getan haben, nicht verwendet werden kann, um Schuld und Scham zu lindern, an denen Sie möglicherweise festhalten. Es kann beispielsweise extrem nützlich sein, einfach nur den Unterschied zwischen angemessener und unangemessener Schuld zu kennen und sich mit den sechs Schritten zum Loslassen negativer Kernüberzeugungen über sich selbst vertraut zu machen.

Ich versichere Ihnen, dass es *für den Prozess der Radikalen Vergebung nicht erforderlich ist, dass man an ihn glaubt.* Das heißt, Sie müssen Ihre Weltsicht keineswegs ändern, damit dies funktioniert. Erforderlich ist lediglich Ihre Bereitschaft, wenigstens ein Stück weit offen zu sein für einige Idee aus diesen neuen Paradigma und zu prüfen, ob es funktioniert, wenn Sie von den vorgestellten Werkzeugen Gebrauch machen. Außerdem wird es interessant sein zu sehen, ob sich Ihre Weltsicht durch diese Arbeit an sich selbst ändert.

Die heute vorherrschende Weltsicht basiert in erster Linie auf einer Reihe von Kernüberzeugungen. Sie sind das Ergebnis dessen, was wir mit unseren fünf Sinnen sowie technologischen Erweiterungen dieser fünf Sinne in der physischen Welt wahrgenommen beziehungsweise erfahren und entsprechend verarbeitet haben. Wir glauben, was wir sehen, hören, fühlen, riechen und schmecken.

Wir messen und untersuchen alle möglichen Phänomene und stellen alle möglichen wissenschaftlichen Vermutungen über sie und über das Leben allgemein an und verfeinern dadurch unsere Kernüberzeugungen. Doch da, wo die Objektivität infrage gestellt wird, ziehen wir eine Grenze. Der subjektiven Erfahrung – der Wahrnehmung unserer inneren Landschaft mit mehr als unseren fünf Sinnen und ihrem Verhältnis zur äußeren Realität – wird, wenn überhaupt, nicht viel Bedeutung beigemessen.

Das andere, viel ältere Paradigma, das mit dem vorherrschenden parallel läuft und es in mehrfacher Hinsicht einschließt, besagt, dass das Leben weitaus mehr zu bieten hat, als unsere Fünf-Sinne-Realität uns vorspiegelt. Diese erweiterte Ansicht der Realität bezeichnen wir als metaphysische Weltsicht.

Wir schauen dabei über die physische Beschreibung der Realität hinaus und öffnen uns für die Möglichkeit, dass die Realität ein großes, unsichtbares Element in sich birgt, das sich uns in Form einer subjektiven, multisensorischen (das heißt, über die fünf Sinne hinausgehenden) Erfahrung erschließt. Nach dem neuen Paradigma spielt dieses Element in unserem Leben eine wichtige Rolle. Manche Menschen erleben dieses spirituelle Element in der einen oder anderen Form von Religion, die auf der Vorstellung beruht, dass es einen Gott gibt, der alles lebendig macht.

Das Christentum, besonders der Katholizismus, hat eine lange metaphysische oder mystische Tradition. Die Lehren Jesu sind sehr metaphysisch. Die Kabbala bildet die mystische Grundlage des Judentums, und die östlichen Religionen haben schon immer sehr metaphysisch auf die Welt geschaut.

Menschen mit einer eher freireligiös-spirituell ausgerichteten Weltanschauung erleben es eher als eine mysteriöse Macht oder Intelligenz, die uns zwar einschließt, aber größer ist als wir selbst. Viele Europäer, die sich von den organisierten Religionen abgewandt haben, sind dieser Meinung.

Beide jedoch, freireligiös eingestellte Menschen ebenso wie jene, die in dem angesprochenen Zusammenhang von Gott sprechen, gehen davon aus, dass dieses spirituelle Element auf dramatische Weise in ihr Leben eingreift und nicht als bloßer Aberglaube abgetan werden kann. Ich bevorzuge für dieses Eingreifen das Wort »Gnade«, und das beste Beispiel dafür, wie Gnade sich in unserem Leben auswirkt, ist die Radikale Vergebung.

Ann Lamont sagt in ihrem wundervollen Buch *Grace (Eventually)* (»Gnade, endlich«), dass es nur zwei Gebete gibt: »Bitte hilf« und »Danke.« Radikale Vergebung ist eine Art weltliches Gebet: Wir bitten um Hilfe beim Erkennen der göttlichen Vollkommenheit in der jeweiligen Situation und bringen dann unsere Dankbarkeit für dieses Geschenk und den Wandel, der unweigerlich darauf folgt, zum Ausdruck.

Forschungsübung 12: Was ich glaube

Schauen Sie sich die folgenden Weltanschauungen an und stufen Sie sie auf einer Skala zwischen 0 und 100 Prozent ein. 0 bedeutet, dass das jeweilige Weltbild überhaupt nicht und 100, dass es total mit Ihrem eigenen übereinstimmt. Sie werden möglicherweise feststellen, dass Sie sich mit Teilen unterschiedlicher Weltanschauungen identifizieren. Es wäre daher eine interessante Übung, ein zusammengesetztes Weltbild zu entwerfen, das Elemente von allen beinhaltet und Ihre eigene persönliche Weltanschauung genauer beschreibt.

Ich möchte betonen, dass keine Weltanschauung besser ist als irgendeine andere oder sich besser für erfolgreiche Radikale Selbstvergebung oder Selbstakzeptanz eignet. Es handelt sich lediglich um verschiedene Möglichkeiten, sich selbst besser kennenzulernen.

Außerdem zeigen sie Ihnen vielleicht auch, wo Sie in der Auseinandersetzung mit den Ideen der folgenden Kapitel mit Widerstand rechnen können. Falls dem so ist, ignorieren Sie die Ideen, die nicht in Ihr Paradigma passen, einfach und wenden Sie die Methode dennoch an – mit so viel Skepsis, wie Sie für nötig halten. Wichtig ist dabei lediglich, dass Sie sich von

Ihren eigenen Vorstellungen nicht ganz davon abhalten lassen, die Methode auszuprobieren und zu sehen, ob sie funktioniert. Sie funktioniert immer.

Erstes Paradigma

»Meine Lebensperspektive ist eher wissenschaftlich, weltlich und rational. Ich glaube, dass Menschen nicht mehr sind als ein Entwicklungsschritt in der Spirale der Evolution und dass wir, ebenso wie jedes andere Tier auf dem Planeten, geboren werden, leben und schließlich sterben. Natürlich ist das Ganze noch viel komplizierter, doch dies ist mehr oder weniger die Grundlage. Ich glaube nicht unbedingt an etwas Göttliches oder an Gott, aber ich würde mich auch nicht als Atheisten bezeichnen. Ich gehe nicht davon aus, dass es eine Realität gibt, die über das hinausgeht, was ich mit meinen fünf Sinnen wahrnehmen kann. Falls dies dennoch der Fall sein sollte, habe ich keine wirkliche Vorstellung davon, wie diese Realität aussehen könnte. Ich habe ganz sicher keine Verbindung zu ihr, und es gibt nichts, was ich darüber sagen könnte. Bis jetzt ist Vergebung für mich die bewusste Entscheidung, die Dinge auf sich beruhen zu lassen und nicht nachtragend zu sein.«

%

Zweites Paradigma

»Meine Spiritualität und meine Weltsicht haben ihren Ursprung in meinen religiösen Überzeugungen. Ich sehe die Welt als einen ständigen Kampf zwischen Gut und Böse. Ich glaube an die Existenz des Bösen, und es ist meine Aufgabe, wachsam zu bleiben und mich im Leben vor der allgegenwärtigen Gefahr des Bösen (Satan) zu schützen. Gott hat diese Welt erschaffen und damit auch mich. Er bleibt im Himmel, wacht aber über mich und urteilt streng über mich wegen der Erbsünde, die ich begangen habe. Wenn ich sterbe, hoffe ich jedoch, dass er in seinem Urteil über mich Gnade walten lässt und ich in den Himmel komme. Wenn ich im Leben nicht gut bin, komme ich in die Hölle. Ich glaube, dass man gut zu anderen sein muss, aber es ist nicht unsere Aufgabe zu vergeben. Wir können lediglich Gott (oder Jesus) bitten, es in unserem Namen zu tun. Vergebung ist daher meiner Meinung nach ein Gebet und letztlich, sollte das Gebet erhört werden, ein reines Gnadengeschenk.«

%

Drittes Paradigma

»Ich bin für spirituelle Ideen offen und finde sie geistig anregend, aber ich würde mich nicht unbedingt als spirituellen Menschen bezeichnen. Ich bin ebenfalls zugänglich für die Vorstellung, dass wir hier sind, um bestimmte Lektionen zu lernen, und ich deute mein Leben entsprechend. Die praktische Umsetzung dieser Vorstellung ist jedoch nicht leicht. Obwohl ich recht schnell mit einem Urteil bei der Hand bin und die Schuld gern bei anderen sehe, versuche ich zumindest für die Möglichkeit offen zu sein, dass die Person, über die ich mich aufrege, da ist, um mich etwas zu lehren. Ich weiß, dass ich nicht versuchen sollte herauszufinden, worin diese Lektion besteht, aber ich bin eine geistig rege Person und weiß immer gern, wie die Dinge funktionieren und warum etwas so ist, wie es ist. Es leuchtet mir zwar ein, dass die Person mir die Gelegenheit zum Lernen und zum Wachstum bietet, aber es fällt mir nicht leicht, mir dies wirklich zu eigen zu machen. Im täglichen Leben empfinde ich dies als eine große Herausforderung. Wie gesagt, rein gedanklich verstehe ich, dass es wirkliche Vergebung nur geben kann, wenn wir erkennen, dass nichts ohne Grund geschieht. Doch im täglichen Leben habe ich Probleme, dies umzusetzen.«

%

Viertes Paradigma

»Ich sehe mein Leben als großes Mysterium, das nicht dazu da ist, in allen Einzelheiten verstanden, sondern eher in seiner ganzen Fülle ausgekostet zu werden. Die Menschen mit der am höchsten entwickelten Spiritualität sind diejenigen, die das höchste Maß an Menschlichkeit in ihrem Leben zeigen. Ich halte es durchaus für möglich, dass es mehr als eine Realität gibt. Es gibt zumindest diese physische Realität, die wir Tag für Tag körperlich erleben. Ich bin offen für die Vorstellung, dass es noch eine weitere, unsichtbare Realität gibt, die wir als »spirituelle« Realität bezeichnen könnten. Ich glaube nicht, dass irgendjemand wirklich weiß, was dies für eine Realität ist. Wenn ich mich umschaue und in mich hineinfühle, spüre ich, dass es eine solche Realität gibt. Und ich fühle mich wohl damit. Ich habe meine eigene Weise, mit dieser Realität in Kontakt zu kommen und meine Spiritualität auszuleben (z.B. religiöse Vereinigungen, Treffen mit Gleichgesinnten, Meditation, Retreats, alternative Heilweisen, Gebet, Chanting usw.) und bin damit glücklich. Vergebung geschieht für mich, wenn ich mein Mitgefühl auf eine andere Person ausweiten und sehen kann, dass sie ein ebenso unvollkommenes Geschöpf ist wie ich und jeder andere.«

%

Fünftes Paradigma

»Ich bin ein spirituelles Wesen, das eine menschliche Erfahrung macht. Damit meine ich, dass ich ein Leben auf der Erde gewählt habe, um meine Lektionen zu lernen und spirituell auf eine höhere Stufe zu kommen. Dies ist die Schule, und das Leben ist der Lehrplan. Alles, was mir im Leben zustößt, sind meine Lektionen. Ich bin mit dem Bedürfnis in dieses Leben gekommen, vollständig zu begreifen, was Einheit bedeutet, indem ich das Gegenteil davon erfahre – die Trennung. Ich habe bereits vor meiner Inkarnation mit anderen Seelen vereinbart, dass sie mir die Dinge, die sie tun, nicht so sehr *antun*, als dass sie sie *für mich* tun, auch wenn es sich von der menschlichen Ebene aus oft so anfühlt, als würden sie mir etwas antun. Meine Mitmenschen sorgen dafür, dass ich reichlich Gelegenheit zum Lernen habe, während ich hier bin. Sie mögen zwar aussehen wie meine Feinde, aber ich sehe sie als meine heilenden Engel. So sehe ich die Vergebung: dass alles, was geschieht, unweigerlich einen spirituellen Sinn hat und dass in spiritueller Hinsicht niemals etwas Falsches passiert. Dennoch bin ich voll für mein Tun auf der menschlichen Ebene verantwortlich.«

%

Sechstes Paradigma

»Ich bin vollkommen in der Metaphysik zu Hause und sehe mich selbst als eine sehr spirituelle Person. Eine Sichtweise, die ich bezüglich unseres Lebens auf diesem Planeten habe, ist die, dass wir alle im Rad des Karma sind, dass wir ständig aufs Neue wiedergeboren werden und dass ein Leben aufs andere folgt, damit wir Lektionen lernen, Energien ausgleichen und uns spirituell weiterentwickeln, bis wir schließlich zur Vollendung gelangen. Ich habe Kontakt zur spirituellen Ebene und werde von dort geführt. Ich habe mehrere Begleiter auf der spirituellen Ebene und spreche häufig mit Engeln. Ich glaube, dass wir Menschen alle ein Teil des Göttlichen sind. Der Sinn unseres Lebens besteht darin, dass wir Gott in der Erweiterung Ihres/Seines Bewusstseins unterstützen und schließlich gemeinsam den Himmel auf Erden erschaffen. Was die Vergebung betrifft, so bin ich mir sicher, dass alles in perfekter göttlicher Ordnung ist und es nichts zu vergeben gibt. Vergebung ist daher irrelevant.«

%

Schreiben Sie zum Abschluss dieser Übung Ihre eigene persönliche Weltsicht in Ihr Tagebuch.

9 DIE FÜNF STADIEN

In Kapitel 3 habe ich kurz die Merkmale und Grundvoraussetzungen der Radikalen Vergebung umrissen. Dabei habe ich erwähnt, dass der Prozess aus fünf Phasen besteht. Alle Werkzeuge der Radikalen Vergebung dienen dazu, uns durch diese fünf Stadien zu führen. Die Schritte sind die gleichen, egal ob wir anderen vergeben oder uns selbst. Schauen wir uns die fünf Stadien einmal etwas genauer an.

Das erste Stadium: Die Geschichte erzählen

Wir alle haben unsere eigene Geschichte darüber zu erzählen, was uns zugestoßen ist, gleichgültig ob wir zu den Opfern oder zu den Tätern zählen. Die Geschichte enthält den ganzen Schmerz und das ganze Leiden. Dass sie gehört, wahrgenommen und ernst genommen wird, ist der erste Schritt in Richtung Vergebung oder Selbstvergebung. *(Im Folgenden werde ich mich der Eindeutigkeit halber nur darauf beziehen, wie diese Schritte in Zusammenhang mit Selbstvergebung funktionieren.)*

Erzählen Sie die Geschichte. Erzählen Sie sie sich selbst. Erzählen Sie sie einem Freund. Füllen Sie ein Arbeitsblatt zur Selbstvergebung aus. Schreiben Sie die »drei Briefe« (siehe sechster Teil dieses Buches ab Seite 175). Was auch immer Sie tun, achten Sie darauf, dass Sie Ihre Täter/Opfer-Geschichte nicht mit spirituellen Interpretationen überfrachten. Tun Sie so, als hätten Sie keine Ahnung, was Radikale Vergebung bedeutet. Achten Sie besonders darauf, dass Sie Ihr Verhalten nicht rechtfertigen oder die Situation auf eine Weise erklären, die Ihr Verhalten entschuldigt. Versuchen Sie nicht, zwischen berechtigter und unberechtigter Schuld zu unterscheiden. Heben Sie all das für später auf.

Jetzt kommt es erst einmal darauf an, dass Sie Ihrem urteilenden Ich freien Lauf lassen und sich gestatten, sich wegen all der Dinge, die Sie falsch gemacht haben, so richtig zur Schnecke zu machen. Das ist der große Moment für das urteilende Ich. Gönnen Sie es ihm. Es muss gehört, ernst genommen, geliebt und akzeptiert werden, genau wie jeder andere Teil Ihres Ichs.

Das zweite Stadium: Auf Gefühle einlassen

Jede Tätergeschichte steckt voller Emotionen. An erster Stelle stehen Schuld und Scham. Gleich darauf folgen Wut, Angst, Bedauern, Reue und jede Menge anderer Gefühle. Welche Gefühle es auch immer sein mögen, es kommt darauf an, sie in ihrer ganzen Fülle zu fühlen. Was man nicht fühlen kann, kann man auch nicht heilen.

Die Definition einer Emotion lautet: »ein mit einem Gefühl verbundener Gedanke«. Die Paarbindung zwischen Gedanke und Gefühl ist sehr eng. Es ist nicht ohne Weiteres möglich, sie aufzulösen, nicht einmal, indem man den Gedanken neu fasst, etwa in einer Gesprächstherapie.

Die Gefühlskomponente ist für die Bindung verantwortlich, nicht der Gedanke. Bevor das Gefühl den Gedanken freigibt und ein alternativer Gedanke an seiner Stelle emotional angenommen werden kann, muss das Gefühl noch einmal gefühlt werden. Es muss nicht in der gleichen Intensität wie beim ersten Mal durchlebt werden, aber es ist wichtig, es zumindest zu berühren.

Dabei hilft es, wenn man im Auge behält, dass es keine »negativen« Gefühle gibt. Gefühle wie Schuld, Scham, Angst, Wut, Betroffenheit oder Trauer sind nichts Negatives. Es sind normale menschliche Emotionen, die wir alle von Zeit zu Zeit mehr oder weniger verspüren.

Dennoch sträuben wir uns gegen sie, verpassen ihnen das Etikett »negativ« und versuchen stattdessen, »positiv« zu denken. Wir unterdrücken sie, verdrängen sie und projizieren sie auf andere, auf unseren Körper oder auf unsere Lebenssituation. Dieser innere Widerstand gegen unsere eigenen, menschlichen Gefühle führt zu innerem Stress und letztlich in die Krankheit.

Eine andere Möglichkeit, sich seinen Gefühlen zu widersetzen, ist, sie spirituell zu verbrämen. Es ist ein weitverbreitetes Phänomen, besonders unter Menschen, die sich als spirituell bezeichnen, Gefühle nicht zu fühlen, sondern spirituell sublimieren oder wegmeditieren zu wollen. Auch in helfenden Berufen ist dies sehr verbreitet. Viele »hilflose Helfer« können nicht anders, als immer nur anderen zu helfen, und dabei gehen sie ihrem eigenen Schmerz und ihren eigenen Gefühlen aus dem Weg.

Doch wir sind von Natur aus mit der Fähigkeit begabt, unsere Emotionen zu fühlen. Es ist daher nur natürlich, dass wir das Bedürfnis haben, sie in ihrer ganzen Fülle zu erfahren. Fühlen heißt, sie wirklich zu erleben – nicht über sie zu reden, sie zu analysieren oder zu etikettieren.

Wenn wir uns nicht gestatten, das ganze Spektrum unserer Emotionen zu fühlen, und sie stattdessen unterdrücken, sorgt unsere Seele dafür, dass wir zum Fühlen gezwungen werden, indem sie Situationen herbeiführt, in denen wir keine andere Wahl haben. (Ist Ihnen schon einmal aufgefallen, dass Menschen die Gelegenheit bekommen, starke Emotionen zu fühlen, sobald sie den Wunsch nach spirituellem Wachstum gefasst haben?)

Es ist gut möglich, dass das Chaos und die riesigen Problemen, die wir manchmal im Leben bekommen, dem Wunsch unserer Seele entsprechen: Sie will uns Gelegenheit geben, unsere Emotionen zu fühlen. Daher reicht es in solchen Situationen oft aus, sich zu gestatten, das Gefühl zu empfinden und die Energie durch sich hindurch fließen zu lassen. Damit verschwindet das sogenannte »Problem« nicht selten im Handumdrehen.

Doch nicht alle Situationen lassen sich so leicht auflösen. Wenn wir ein Verbrechen begangen haben, das als unverzeihlich gilt, wie sexueller Missbrauch, Vergewaltigung oder Mord, braucht es mehr als nur das Zulassen der Gefühle, um an einen Punkt zu kommen, an dem wir uns wirklich selbst vergeben können, radikal oder anderswie.

Das dritte Stadium: Die Geschichte auseinandernehmen

Bei der herkömmlichen Vergebung ist dieser Schritt der letzte, denn sie bezieht sich ausschließlich auf den menschlichen Bereich und schließt den Prozess daher mit diesem Schritt ab. Bei der Radikalen Selbstvergebung ist aber noch ein weiterer Schritt erforderlich, denn sie bezieht sich auf das höhere Selbst, das ICH BIN. Das Auseinandernehmen der Geschichte ist daher nur eine Zwischenstufe, wenngleich eine sehr wichtige.

Hier findet Folgendes statt: Wir fordern das urteilende Ich auf, beiseite zu treten und Platz für das selbstliebende Ich zu machen. Wir brauchen das selbstliebende Ich, um die Situation mit seiner Herzensenergie zu füllen. An diesem Punkt ist es die Aufgabe des selbstliebenden Ich, dem urteilenden Ich zu sagen: *»Ja, aber … hab etwas Mitgefühl für mich und versuche zu verstehen, warum ich das getan habe. Ja, ich bin nicht perfekt, und ich habe einen Fehler gemacht. Aber diejenigen, die über mich urteilen, sollten sich einmal vorstellen, was sie selbst in der Situation gemacht hätten, wenn sie in meiner Haut gesteckt hätten, unter denselben miserablen Umständen und mit derselben emotionalen Last, die ich damals getragen habe. Vielleicht würden sie dann nicht mehr so vorschnell über mich urteilen. Also, mein liebes urteilendes Ich und all meine anderen Kritiker, macht es mir nicht ganz so schwer. Oder stellt euch zumindest vor, dass ich einmal ein kleines Kind war – unschuldig, unverdorben, heil, liebevoll und voller Vertrauen in all meine Mitmenschen, ein wundervolles Kind Gottes.«*

Wenn wir ein Herz zeigen für uns selbst und andere bitten, das Gleiche zu tun, können wir lernen, uns als Mensch zu sehen mit all unseren Gebrechen und Unvollkommenheiten. Dann können wir uns für die Möglichkeit öffnen, dass wir so geliebt werden, wie wir sind. Dies wird uns auch hinsichtlich der Radikalen Selbstvergebung sehr helfen, denn genau darum geht es dabei: uns selbst zu lieben, genau so, wie wir sind.

Mitgefühl und Empathie in eine Situation zu bringen, die nach Vergebung verlangt, führt auch dazu, dass die anderen Gefühle, die wir hinsichtlich unserer »Vergehen« haben – Wut,

Selbstbezichtigung, Scham und so weiter – in den Hintergrund treten. Dies wird jedoch wenig an dem Schuldgefühl ändern, denn dies bezieht sich mehr auf das, was wir getan haben, und weniger darauf, wie wir es interpretieren.

Dies ist jedoch auch der Moment, in dem wir die Situation mit klarem Verstand betrachten und uns einige unverblümte Fragen stellen können, zum Beispiel, ob wir überhaupt das Recht haben, uns schuldig zu fühlen. Mit anderen Worten: Sind unsere Schuld und unsere Reue angebracht oder nicht? (Siehe Kapitel 6.)

Wenn wir sie für völlig unangebracht halten, ist der Prozess im Grunde beendet. Wenn wir sie jedoch für angebracht halten, gibt es kaum etwas, was wir noch tun können, jedenfalls mit herkömmlicher Vergebung. Sobald wir Mitgefühl und Verständnis für uns aufgebracht und die Situation rational bewertet haben, gibt es nur wenig, was wir noch tun können, außer wir treffen die Entscheidung, uns zu vergeben.

Doch dies ist leichter gesagt als getan, denn bei der herkömmlichen Vergebung gibt es wenig, was über diese Entscheidung hinaus geboten wird. Glücklicherweise bietet die Radikale Selbstvergebung einen einfachen, schnellen und leichten Weg.

Das vierte Stadium: Die Geschichte neu fassen

Das vorherrschende Weltbild, das wir alle weitgehend übernehmen, ist größtenteils im Opferbewusstsein verwurzelt. Diesem Denkmuster zufolge ist das Leben ein Zufallsspiel, in dem jeder sich selbst der Nächste ist. Das ist der Kontext, in dem wir unsere Tätergeschichte sehen, und sie scheint uns völlig selbstverständlich. Doch in diesem vierten Stadium sind wir eingeladen, unsere Tätergeschichte in einen anderen Kontext zu stellen.

Dazu rufen wir uns noch einmal die verschiedenen, im letzten Kapitel erwähnten Paradigmen ins Gedächtnis und wählen diejenigen aus, die den jeweiligen Kontext am besten widerspiegeln.

Wir könnten beispielsweise sagen, dass das erste Paradigma (mit einigen Elementen des zweiten, die wir brauchen, um den Satz über den fehlenden Glauben an Gott umzuschreiben) das vorherrschende Weltbild beschreibt. Das fünfte Paradigma (mit einigen Elementen des dritten) beschreibt hingegen das metaphysische Weltbild, welches die Perspektive der Radikalen Vergebung beinhaltet. Schauen wir einmal, wie das funktioniert.

Erstes Paradigma

»Meine Lebensperspektive ist eher wissenschaftlich, weltlich und rational. Ich glaube, dass Menschen nicht mehr sind als ein Entwicklungsschritt in der Spirale der Evolution und dass wir, ebenso wie jedes andere Tier auf dem Planeten, geboren werden, leben und schließlich sterben. Natürlich ist das Ganze noch viel komplizierter, doch dies ist mehr oder weniger die Grundlage. Ich glaube nicht unbedingt an etwas Göttliches oder an Gott, aber ich würde mich auch nicht als Atheisten bezeichnen. Ich gehe nicht davon aus, dass es eine Realität gibt, die über das hinausgeht, was ich mit meinen fünf Sinnen wahrnehmen kann. Falls dies dennoch der Fall sein sollte, habe ich keine wirkliche Vorstellung davon, wie diese Realität aussehen könnte. Ich habe ganz sicher keine Verbindung zu ihr, und es gibt nichts, was ich darüber sagen könnte. Vergebung heißt für mich bis jetzt, die bewusste Entscheidung zu treffen, die Dinge auf sich beruhen zu lassen und nicht nachtragend zu sein.«

Fünftes Paradigma

»Ich bin ein spirituelles Wesen, das eine menschliche Erfahrung macht. Damit meine ich, dass ich ein Leben auf der Erde gewählt habe, um meine Lektionen zu lernen und spirituell auf eine höhere Stufe zu kommen. Dies ist die Schule, und das Leben ist der Lehrplan. Alles, was mir im Leben zustößt, sind meine Lektionen. Ich bin mit dem Bedürfnis in dieses Leben gekommen, vollständig zu begreifen, was Einheit bedeutet, indem ich das Gegenteil davon erfahre – die Trennung. Ich habe bereits vor meiner Inkarnation mit anderen Seelen vereinbart, dass sie mir die Dinge, die sie tun, nicht so sehr *antun*, als dass sie sie *für mich* tun, auch wenn es sich von der menschlichen Ebene aus oft so anfühlt, als würden sie mir etwas antun. Meine Mitmenschen sorgen dafür, dass ich reichlich Gelegenheit zum Lernen habe, während ich hier bin. Sie mögen zwar aussehen wie meine Feinde, aber ich sehe sie als meine heilenden Engel. So sehe ich die Vergebung: dass alles, was geschieht, unweigerlich einen spirituellen Sinn hat und dass in spiritueller Hinsicht niemals etwas Falsches passiert. Dennoch bin ich voll für mein Tun auf der menschlichen Ebene verantwortlich.«

Um diesen Abschnitt für die Selbstvergebung passend zu machen, müssen wir nur den allerletzten Satz umschreiben.

»Ich habe bereits vor meiner Inkarnation mit anderen Seelen vereinbart, dass sie mir die Dinge, die sie tun, nicht so sehr *antun*, als dass sie sie *für mich* tun, auch wenn es sich von der menschlichen Ebene aus oft so anfühlt, als würden sie mir etwas antun. Meine Mitmenschen sorgen dafür, dass ich reichlich Gelegenheit zum Lernen habe, während ich hier bin. Es mag zwar so aussehen, als sei ich ihr Feind, aber sie werden irgendwann erkennen, dass ich in Wirklichkeit ihr heilender Engel bin.«

Die Änderung dieses einen Satzes sorgt dafür, dass aus der Opfergeschichte eine Tätergeschichte wird. Es ist wichtig, dies ausdrücklich festzustellen. Wir sind nämlich einerseits gern bereit, anderen zu vergeben, weil sie in unser Leben gekommen sind und uns scheinbar »schlimme« Dinge zugefügt haben, sodass wir dazulernen und innerlich wachsen können. Andererseits haben wir Schwierigkeiten zu akzeptieren, dass wir selbst gelegentlich berufen sind, die Rolle des Täters zu spielen, um anderen damit einen Dienst zu erweisen. Wir müssen erkennen, dass es für jedes Opfer einen Täter geben muss.

Die Neufassung kann bildlich dargestellt werden, indem wir die Geschichte zunächst in dem Rahmen darstellen, der von allen im ersten Paradigma enthaltenen Gedanken, Vorstellungen und Überzeugungen geformt wird. Das ist unsere gewöhnliche Sichtweise.

Dann zeigen wir die Geschichte noch einmal, diesmal jedoch im Sinne des fünften Paradigmas neu eingerahmt. Die Geschichte selbst hat sich nicht geändert.

Was sich geändert hat, ist mehr die Bedeutung und der Kontext der Geschichte als die Geschichte selbst. Dies wirft ein völlig neues Licht auf das Geschehen und ermöglicht uns, mehr zu tun, als nur die Vergangenheit auf sich beruhen zu lassen. Wir können erkennen, dass uns nichts Schlechtes passiert ist und dass es nichts zu vergeben gibt.

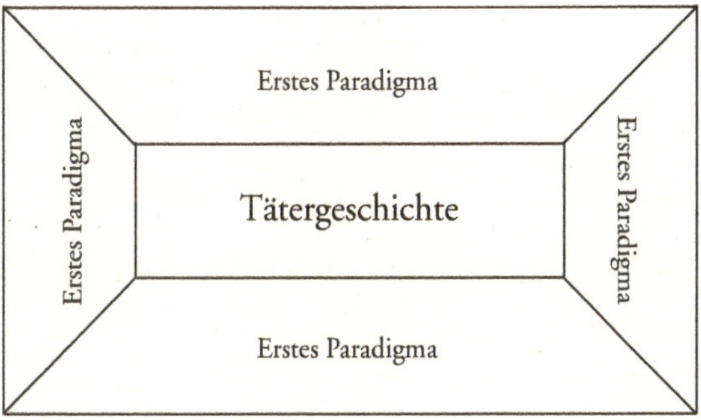

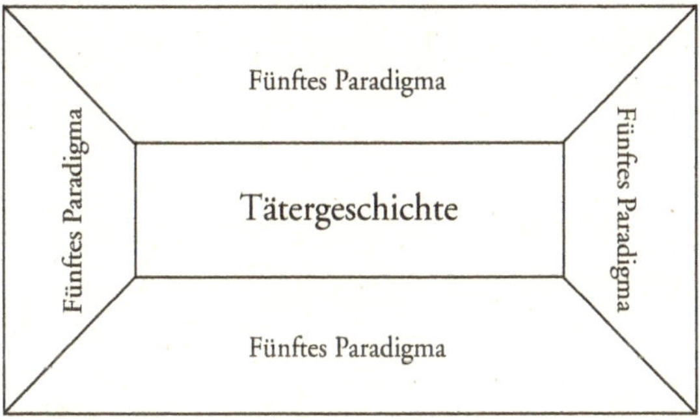

Dies intellektuell zu verstehen ist der erste Schritt. Noch wichtiger ist jedoch, es auch tief im Körper zu realisieren, besonders wenn man eine große Opfergeschichte zu erzählen hat. Im sechsten Teil dieses Buches werden wir über die Werkzeuge sprechen, mit denen Sie diese Neufassung Ihrer Geschichte selbst vornehmen können. Doch um diese Neufassung vollständig im Körper zu verankern, braucht es noch einen weiteren Schritt, der über das begriffliche Verstehen hinausgeht und die Wirkung nutzt, die erzählte Geschichten auf uns haben.

Zu diesem Zweck habe ich eine Geschichte geschrieben, die Sie im fünften Teil (ab Seite 137) lesen können. Wenn Sie diese Geschichte von Anfang bis Ende durchlesen, haben Sie am Ende bestimmt verstanden, dass es keine Fehler und keine Zufälle gibt.

Das fünfte Stadium: Den Wandel integrieren

Solange Sie eine Täter-/Opfergeschichte in sich tragen, wird sie in jeder Zelle Ihres Körpers lebendig sein. In diesem Stadium besteht das Ziel darin, die alte Geschichte durch die neue, die radikale Selbstvergebungsgeschichte zu ersetzen, um diese dann statt der alten vollständig in Ihrem Körper zu verankern.

Das heißt: Im Rahmen der Selbstvergebung findet auch etwas Körperliches statt, damit auch der Körper und nicht nur der Verstand die innere Wandlung registriert. Die körperliche Aktivität kann darin bestehen, dass Sie Atemübungen machen, im Kreis gehen, schreiben oder etwas anderes tun. In jedem Fall aber spielt der Einsatz der Stimme dabei eine Rolle. In Zusammenhang mit den Werkzeugen, die ich im sechsten Teil dieses Buches vorstelle, werde ich noch ausführlich auf jede dieser Aktivitäten eingehen.

In der Zwischenzeit wünsche ich Ihnen viel Freude an der folgenden Geschichte.

FÜNFTER TEIL

Susans Geschichte

SUSANS GESCHICHTE

Nichts fokussiert unseren Geist mehr als die Aussicht auf den unmittelbar bevorstehenden Tod. Susan Phillips lag auf ihrer harten Pritsche. Gestern war sie in die Zelle gebracht worden, die an den Raum angrenzte, in dem sie morgen ihre Todesspritze erhalten würde. Vor dreizehn Jahren hatte sie ihren Mann, Dan, kaltblütig ermordet, und nun musste sie dafür mit ihrem Leben bezahlen. Sie ließ sich nichts anmerken, aber im Inneren zitterte sie wie Espenlaub. Sie hatte Angst.

Zehn Jahre lang hatte sie Begnadigungsgesuche eingereicht und alle möglichen Berufungsverfahren durchlaufen. Doch es hatte nie einen Zweifel an ihrer Schuld gegeben. Sie hatte auf verminderte Schuldfähigkeit plädiert, aber niemand hatte es ihr abgenommen. Das Geschworenengericht hatte sie nach vierstündiger Beratung einstimmig verurteilt. Verurteilt zum Tod wegen schweren Mordes an ihrem Ehemann.

Die zierliche Frau, mittelgroß, mit dunkelbraunem Haar und braunen Augen, hatte angesichts des drakonischen Urteils keinerlei Gefühlsregung erkennen lassen. Sie hatte vor sich ins Leere gestarrt, ebenso selbstsicher und beherrscht wie während des gesamten Prozesses. Sie war imstande, ihre Gefühle fast vollständig abzuschotten.

Es war ihr durchaus klar, dass sie wahrscheinlich hingerichtet werden würde. Doch es gab einen Hoffnungsschimmer. Vor vielen Jahren hatte sie eine Affäre mit einem ebenfalls verheirateten Mann gehabt, der mittlerweile Karriere in der Landesregierung gemacht hatte. Dieser Mann hatte lange Zeit ehrgeizig das Ziel verfolgt, Gouverneur seines Bundesstaates zu werden, und dieser Ehrgeiz hatte den einzigen Hoffnungsschimmer genährt, der Susan noch blieb. Sie hatte das Gefühl, dass er, wenn er Gouverneur würde, die Macht hätte, sie zu begnadigen oder zumindest die Todesstrafe umzuwandeln und ihr Leben zu retten. Folglich hatte sie ein ebenso großes Interesse daran, dass er sein Ziel erreichte, wie er selbst – vielleicht sogar ein noch größeres, da es bei ihr buchstäblich um Leben und Tod ging. Ihre Gedanken kreisten täglich und stündlich um ihn und seine ehrgeizige Wahlkampagne. In ihrer Fantasie stellte sie sich vor, wie er zum Gouverneur gewählt werden und sie schließlich begnadigen würde.

Wie groß war ihre Freude, als ihr Wunsch in Erfüllung ging und er tatsächlich Gouverneur wurde. Sie reichte ihr Gnadengesuch auf dem Dienstweg ein und wartete. Doch dieses Gesuch wurde ebenso abgelehnt wie alle darauf folgenden Eingaben. Ihre Hoffnung schwand dahin. Das war jetzt drei Jahre her. Seither war sie völlig ohne Hoffnung und ergab sich in ihr Schicksal. Sie wusste, dass das Begnadigungsverfahren eine reine Formsache war und dass sie dem Tod geweiht war.

Die Zeit verging und immer wieder, wenn Susan zutiefst enttäuscht war, dachte sie daran, mit ihrer Affäre an die Öffentlichkeit zu gehen. Sie könnte eine Presseerklärung abgeben und die Wahrheit ans Licht bringen. Doch sie besann sich eines Besseren. Alles, was sie erreichen würde, war, sein Leben und das seiner Familie zu ruinieren. Ihr eigenes Leben würde dadurch nicht gerettet. Wozu wäre das Ganze dann gut? Die Affäre war ein gut gehütetes Geheimnis. Niemand außer den beiden wusste etwas davon. Das Öffnen dieser Wunde würde nichts Gutes bewirken. Und das Allerletzte, was er daraufhin tun würde, wäre, sie zu begnadigen.

Der Gouverneur hatte keine Ahnung, wie nah sie daran war, ihn zu stürzen. Sie hatte ernsthaft darüber nachgedacht. Er konnte von Glück sagen, denn, wie spätere Ereignisse zeigten, wäre sie durchaus imstande gewesen, einen Rachefeldzug gegen ihn zu führen, wenn sie es sich in den Kopf gesetzt hätte.

Sie hatte später überlegt, ob sie ihm einen persönlichen Brief schreiben sollte, in dem sie ihm die Bloßstellung androhte, in der Hoffnung, ihn zu einer Begnadigung zu zwingen. Aber sie wusste, dass es sinnlos war. Ihre gesamte Post, ausgehende wie eingehende, wurde geöffnet und von den Aufsehern geprüft. Wie viele Chancen hatte eine Insassin des Todestrakts, einen Erpresserbrief an den Gouverneur zu senden? Überhaupt keine. Und sie hatte niemanden, der für Sie einen Brief aus der Zelle hätte schmuggeln können.

Seit fünf Jahren war Susan von niemandem mehr besucht worden. Am Anfang waren noch einige ihrer alten Freunde sie besuchen gekommen, doch selbst das hörte schon bald auf.

Hätte es Zweifel an ihrer Schuld gegeben und hätte sie weiterhin behauptet, unschuldig zu sein, wäre es möglicherweise anders gewesen. Vielleicht hätten sich Freunde ihres Falles angenommen. Doch da völlig klar war, dass sie Dan kaltblütig ermordet hatte, hatten sie kaum einen Grund und auch nicht den Wunsch, mit ihr in Verbindung zu bleiben, besonders seit sie in der Todeszelle saß.

Bob, Susans Bruder, hatte sie häufiger besucht, doch auch er blieb irgendwann weg. Obwohl sie ihm nie sehr nahegestanden hat, verletzte es sie, dass er nicht mehr erschien, um wenigstens noch einmal vor ihrer Hinrichtung mit ihr zu sprechen. Es kam ihr nicht in den Sinn, dass es vielleicht einfach zu schmerzhaft für ihn sein könnte. Schließlich war sie seine Schwester. Was hätte er sagen sollen?

Das letzte Mal, als er sie besucht hatte, war es ein sehr gespanntes und peinliches Treffen gewesen. Niemand wusste so recht, was er sagen sollte. Sie war zwar voller Scham, versuchte aber, ihre wahren Gefühle zu verbergen, indem sie sich abgebrüht und aggressiv gab. Er saß nur da und hätte nicht sagen können, wie er sich fühlte. Er war gleichzeitig wütend, traurig, betreten und voller Bedauern, doch nichts davon war ihm anzumerken. Er sagte kaum etwas. Es gab auch nicht viel, was er hätte sagen können.

Der Mord hatte eine tiefe Wunde in Bobs Leben hinterlassen, denn Dan war sein bester Freund gewesen. Für ihn war der Mord also eine doppelte Katastrophe. Nicht nur war seine Schwester eine Mörderin, sie hatte auch noch seinen besten Freund umgebracht. Das war mehr, als er ertragen konnte.

Dan war groß, blond und athletisch gewesen. Bob war das ganze Gegenteil. Sein Haar war dunkelbraun, wie das seiner Schwester, er war von gedrungener, rundlicher Gestalt, mit kleinen, verschmitzten Augen.

Er hatte Dan während ihres gemeinsamen Medizinstudiums kennengelernt und sich mit ihm angefreundet. Sie waren beste Freunde geworden. Bob hatte Dan kurz nach ihrem Staatsexamen Susan, seiner jüngeren Schwester vorgestellt.

Die beiden Freunde hatten vor, in ihrem Heimatort eine Gemeinschaftspraxis zu eröffnen, doch das blieb ein Traum. Während Dan sich an einer bestehenden Praxis in der Stadt beteiligte, heiratete Bob und zog mit seiner frischgebackenen Ehefrau in einen anderen Bundesstaat. Doch trotz der Distanz blieben die beiden in Kontakt und hielten ihre Freundschaft lebendig.

Nachdem der Mord geschehen war, schützte ihn eben diese Distanz allerdings nicht vor dem unvermeidlichen Medienrummel und schadete seiner Praxis erheblich. Er lebte in einer Kleinstadt, in der sich alle an dem Klatsch über den Fall beteiligten, und dabei wurden viele Dinge gesagt, die nicht der Wahrheit entsprachen.

Auch seine Ehe überlebte das Ganze nicht. Er verlor nicht nur die Liebe seines Lebens, sondern auch seine beiden Kinder. Das machte ihn Susan gegenüber sehr verbittert, und er besuchte sie nur aus Pflichtgefühl. Er wusste, dass seine Eltern dies von ihm erwartet hätten, obwohl der Mord und die darauf folgende Gerichtsverhandlung ihr Herz gebrochen und sie buchstäblich in den Tod gerissen hatte.

Nach außen hatte es den Anschein, als habe es Susans Mutter am härtesten getroffen. Sie bekam Brustkrebs und starb im Alter von 65 Jahren, kurz nachdem Susan zum Tod verurteilt worden war. Sie wurde einfach nicht damit fertig, weigerte sich zu glauben, dass ihre kleine Susan jemanden töten könne, besonders nicht Dan, ihren eigenen Schwiegersohn, den sie so verehrt hatte. Der Vater folgte ihr zwei Jahre später. Er erlitt einen heftigen Schlaganfall und starb zehn Tage darauf. Er hatte das Bewusstsein nie mehr wiedererlangt.

Anfangs schien es, als sei Susans Vater nur wenig betroffen gewesen. Wahrscheinlich musste er seiner Frau, die zwischen hysterischen Ausbrüchen und Zeiten vollkommener Apathie hin und her wechselte, Stabilität geben. Doch innerlich war er schwer verletzt, denn Susan war noch immer seine kleine Tochter, selbst wenn sie schon Ende vierzig war.

Er wusste, sie hatte den Mord begangen. Daher konnte er nur überleben, indem er sich innerlich von ihr trennte. Dies führte dazu, dass er sein Herz vollkommen verschloss und sich weigerte, über seine Tochter zu sprechen. Dies gelang ihm sehr gut.

Er war eine prominente, hoch angesehene Persönlichkeit in der Stadt und hatte die größte und am höchsten angesehene Anwaltskanzlei der Region mitbegründet. Er hatte einen Sitz im Stadtrat, war Diakon der örtlichen Methodistengemeinde und sehr aktiv im Gesellschaftsleben. Seinem Sohn, Bob, hatte er ein Medizinstudium finanziert und seiner Tochter, Susan, ein Jurastudium, und er war sehr stolz auf beide.

Bei Freunden und Kollegen lobte er sie stets in den höchsten Tönen. Seiner Ansicht nach hatten sie beide extrem nette Menschen aus gutem Hause geheiratet und eine Erfolg versprechende Karriere vor sich. Dies war genau das, was er sich für sein Leben und für das seiner Familie in den späteren Jahren immer erträumt hatte. Susan zerstörte diesen Traum für immer.

Nach der Verurteilung seiner Tochter lebte er wie in einem Nebel und war völlig in sich gekehrt. Er hörte auf zu arbeiten, war ein emotionales Wrack, und als kurz darauf seine Frau starb, war einfach alles zu viel für ihn. Er verfiel in eine tiefe Depression, von der er sich nie wieder erholte.

Susan lag da, und die Gedanken drehten sich in ihrem Kopf. Sie war sich bewusst, dass das, was sie getan hatte, ihre Eltern umgebracht und das Leben ihres Bruders ruiniert hatte. Während der gesamten zehn Jahre im Gefängnis hatte sie mit dieser Schuld gelebt. Doch nun lastete sie stärker auf ihr als je zuvor. Sie konnte sie fast körperlich spüren.

Sie hing über ihr wie eine dunkle, unheilvolle Wolke, die sie, immer wenn sie ihre Augen schloss, einhüllte und fast erstickte. Morgen würde sie für alles, was sie ihren Lieben angetan hatte, mit dem Leben bezahlen. Trotz des Horrors, den sie empfand, wenn sie daran dachte, was ihr bevorstand, gab es einen Teil in ihr, der sich gut fühlte, weil sie für das, was sie anderen angetan hatte, ihr Leben lassen würde. Zumindest würde sie frei von Schuld und Scham sein – hoffentlich.

Doch insgeheim befürchtete sie, dass ihre Schuld sie bis auf die andere Seite verfolgen würde. »Lieber Gott, verschone mich davor. Das wäre die wahre Hölle.«

Angesichts dieses Gedankens stieg die Furcht in ihr noch stärker auf als zuvor, und sie begann am ganzen Körper zu zittern. Es war nicht so sehr ihr Körper, der zitterte, obwohl sie ihre Hände nicht ruhig halten konnte. Es war ihr Inneres. Es war, als hätte sie keine Kontrolle mehr über sich, und jedes Organ in ihrem Körper zitterte heftig.

Susan war 25, als Bob ihr Dan vorstellte. Er war gut aussehend, hochgewachsen, athletisch, mit einem wirren blonden Haarschopf. Seine blauen Augen blitzten voller Lebensfreude, und er strahlte eine ruhige, sanfte Zuversicht aus, wenn er sich in Gesellschaft bewegte. Er war ein wirklich netter Mann.

Irgendwann verliebte sie sich in ihn, und sie heirateten im Juli ihres 28. Lebensjahres. Er eröffnete eine Praxis in einem Ärztehaus am Ort, und sie trat in die Anwaltskanzlei ihres Vaters ein, die sich ausgerechnet auf Familienrecht spezialisiert hatte.

Es war eine scheinbar ideale Ehe. Beide verdienten viel Geld, was sich in einer prächtigen Villa im besten Viertel sowie zwei Nobelkarossen in der Einfahrt deutlich sichtbar äußerte. Nach drei Jahren Ehe war es an der Zeit, eine Familie zu gründen. Susan brachte im Abstand von zwei Jahren zwei Jungen zur Welt. Den älteren nannten sie Jay, den jüngeren Chris.

Nach der Ermordung ihres Vaters wurden die beiden unter die Aufsicht der Jugendbehörde gestellt. Kurz darauf erhielten Dans Eltern das Sorgerecht. Die offizielle Adoption folgte später.

Damals waren die beiden neun und elf Jahre alt. Sie konnten nicht verstehen, was geschehen war, und waren vollkommen verwirrt, innerlich gebrochen und verzweifelt, weil sie nicht nur ihren Vater, sondern auch ihre Mutter verloren hatten.

Nun würden sie als junge Erwachsene ins Gefängnis kommen, um Zeugen des Todes ihrer Mutter zu werden. Würde sie sie nach all den Jahren überhaupt wieder erkennen? Das letzte Mal, als sie sie gesehen hatte, waren sie noch kleine Kinder gewesen. Seit dem Tag, an dem ihre Mutter in den Todestrakt eingewiesen worden war, hatten sie sie nicht mehr sehen dürfen. Wie würde sie sich fühlen? Was würden ihre Söhne von ihr denken? Würden sie jemals verstehen, warum sie ihrem Vater das Leben genommen hatte?

Ihre Ehe war alltäglich und langweilig geworden. Dan war arbeitssüchtig und verbrachte nur wenig Zeit zu Hause. Wenn er einmal da war, hatte er Susan nur wenig von Bedeutung zu sagen, und auch sie bot ihm nur wenig an, was ihre Beziehung hätte lebendig halten können. Er versteckte sich hinter seinen medizinischen Fachzeitschriften, und sie ging ihren eigenen Interessen nach.

Sie war zwar keine schlechte Anwältin, aber sie war nicht mit dem Herzen bei der Sache. Sie konnte sich nicht so gut durchsetzen wie ihre ehrgeizigeren Kollegen. Sie tat nur das Minimum und fand sowohl ihre Arbeit als auch ihre Ehe langweilig.

Diese Umstände machten es möglich, ja sogar wahrscheinlich, dass Susan nach Anregungen außerhalb ihrer Ehe suchte. Sie fand sie mit Tom, dem verheirateten Politiker, der später, wie bereits erwähnt, zum Gouverneur aufsteigen sollte. Diese Beziehung dauerte jedoch nicht länger als ein paar Monate, und niemand fand etwas darüber heraus. Sie ging einfach zu Ende, ohne dass jemand verletzt wurde.

Doch bei Jerry war alles ganz anders. Er hatte eine fatale Wirkung auf sie, und das führte sie immer mehr in Richtung Selbstzerstörung. Jerry war Computertechniker. Er kam ins Haus, um Susans Computer zu reparieren und in ihrem Heimbüro ein Netzwerk zu installieren. Es war notwendig, dass er ein paar Tage lang mehrere Stunden täglich im Haus war, was ausreichte, um der körperlichen Anziehung nachzugeben, die beide sofort verspürt hatten, als er den Raum betrat. Am zweiten Tag gingen sie miteinander ins Bett.

Jerry war Single, ungebunden und viel jünger als Susan. Er hatte braunes Haar, sehr kurz geschnitten, einen blassen Teint und sah nicht besonders gut aus. Aber er strahlte eine Energie aus, der sie nicht widerstehen konnte. Er war ein Freigeist und niemandem verpflichtet. In sexueller Hinsicht verkörperte er alles, was sie sich je erträumt und mit Dan niemals erlebt hatte.

Was als heißblütiges sexuelles Abenteuer begonnen hatte, entwickelte sich bald zu etwas weitaus Intensiverem. Jerry war Susan völlig verfallen und ließ sie in den kommenden Wochen nicht aus den Augen. Er nutzte jede Gelegenheit, bei ihr zu sein.

Susan freute sich über die Aufmerksamkeit und den Sex, befürchtete aber, ihre Affäre könne ans Licht kommen, wenn sie einander weiterhin so häufig trafen, besonders in ihrem eigenen Haus. Sie versuchte, Schluss zu machen, doch weder sie noch Jerry konnten es ertragen, einander nicht mehr zu sehen. Ihre Beziehung hatte sich zu einer heftigen Liebesaffäre entwickelt und eine völlig neue Eigendynamik bekommen.

Jerry flehte sie an, mit ihm zu gehen, sich von Dan scheiden zu lassen und ihn zu heiraten. Für Susan klang das wie eine

Einladung ins Paradies, selbst wenn es bedeutet hätte, dass sie ihre Kinder verlieren würde. Sie wusste, dass sich Dan und seine Eltern um die Kinder kümmern würden, sie also nicht so sehr unter der Trennung würden leiden müssen, doch das Ganze hatte einen großen Haken: das Geld.

Susan verlor buchstäblich den Kopf, und ihre Gefühle für Jerry ließen sie völlig irrational werden. Sie sah, dass Jerry niemals viel Geld haben würde und sie diejenige war, die fürs Materielle sorgen musste. Als Anwältin war sie jedoch nicht gut genug, um so viel Geld zu verdienen, dass sie den Lebensstil hätte finanzieren können, an den sie gewöhnt und den aufzugeben sie nicht bereit war.

Susan und Jerry stritten häufig wegen des Geldes, und es war klar, dass dies der Pferdefuß ihrer Affäre war, das, was ihr frischverliebtes Glück trübte. Armut und Glück passten in Susans Denken nicht zusammen. Selbst wenn sie sich von Dan scheiden lassen und die Hälfte des Vermögens erhalten würde, würde nicht viel dabei herauskommen, denn das Haus war mit einer Riesenhypothek belastet. Es würde nicht viel für sie übrig bleiben und ganz sicher nicht genug, um ihren relativ extravaganten Lebenswandel zu finanzieren.

Allmählich keimte in ihrem Kopf eine ungeheuerliche Idee. Es gab einen Ausweg. Dan hatte eine Lebensversicherung in Höhe von etwa fünf Millionen Dollar abgeschlossen. Wenn er starb, würde sie die fünf Millionen und den Rest ihres gemeinsamen Besitztums erben. So könnte es funktionieren, dachte sie.

Sie ertappte sich bei diesem Gedanken, und er machte ihr Angst. Sie versuchte, die Idee aus ihrem Denken zu verbannen, doch je mehr sie darüber nachdachte, desto mehr Möglichkeiten fielen ihr ein, sie zu rechtfertigen. Es kam ihr mehr und mehr so vor, als sei dies die Lösung. Und nachdem der Entschluss gefasst war, war nur noch die Frage, wie er in die Tat umgesetzt werden konnte.

Dass sie überhaupt so dachte, zeigt deutlich, wie realitätsfern sie durch diese Affäre geworden war. Und mehr noch, sie redete sich sogar ein, dass sie damit durchkommen könnte. Sie hatte völlig verdrängt, dass das, was sie vorhatte, eine höchst verwerfliche, unmoralische Tat war. Für sie stand einfach im Vordergrund, dass dies die praktischste Lösung wäre. Ihr Problem wäre gelöst, und sie könnte mit ihrem Geliebten Jerry zusammen sein. Die beiden Jungs würden bei Dans Eltern leben. Die wären ohnehin viel besser geeignet, die beiden zu erziehen, dachte sie. Susan hatte sich selbst nie für eine gute Mutter gehalten.

Sie besprach ihren Plan nicht mit Jerry, denn der hätte sich natürlich sofort dagegen ausgesprochen. Er machte sich nicht viel aus Geld und würde mit Sicherheit niemanden des Geldes wegen umbringen. In dieser Hinsicht war er das absolute Gegenteil von Susan. Er liebte sie so sehr, dass er überhaupt nicht merkte, wie wichtig ihr das Geld war. Ganz sicher hatte er keine Ahnung, dass sie einen Plan schmiedete, für Geld zu morden.

Sie hingegen suchte im Internet nach Informationen über Gifte, die keine Spuren hinterlassen und natürliche Todesursachen simulieren, sodass der Leichenbeschauer keinen Verdacht hegt. Irgendeine Krankheit vielleicht, die für einen Arzt etwas Alltägliches wäre.

Zu ihrem Erstaunen gab es im Internet sehr viele frei zugängliche Informationen darüber, wie man den Tod einer Person bewirken kann, ohne Verdacht zu erregen.

Nach den Anleitungen, die sie gefunden hatte, gab Susan über einen Zeitraum von zwei Wochen regelmäßig ein bestimmtes Gift in Dans Essen. Es tat seine Wirkung, Dan wurde zunehmend kränker, und selbst als Arzt konnte er sich nicht erklären warum. Dan hatte ein großes professionelles Ego. Einen anderen Arzt zu konsultieren, kam für ihn nicht infrage. Also behandelte er sich selbst aufgrund seiner eigenen Diagnose, mit der er natürlich falsch lag. Er starb innerhalb von drei Wochen, nachdem Susan ihm die erste Dosis des Giftes verabreicht hatte.

Die offizielle Todesursache lautete Herzversagen. Doch die Polizei schöpfte sofort Verdacht, und eine Untersuchung wurde eingeleitet. Auch die Versicherungsgesellschaft bestand darauf, dass der plötzliche Tod eines ansonsten völlig gesunden Mannes mit einer Lebensversicherung von fünf Millionen Dollar untersucht wurde.

Als Anwältin und intelligente Frau musste Susan gewusst haben, dass sie die Hauptverdächtige war, besonders weil sie finanziell so stark von Dans Tod profitierte. Doch irgendwie hatte sie ihr juristisches Wissen völlig ausgeblendet. Sie war in einem Zustand absoluter Realitätsferne gewesen.

Dan und Susan hatten immer den Anschein zu erwecken vermocht, dass ihre Ehe in Ordnung war. Es gab nur wenige Menschen in ihrem Umfeld, die sagen konnten, dass sie Probleme zwischen den beiden beobachtet hatten. Die meisten ihrer Mitmenschen hielten sie für ein beispielhaftes Paar und eine ideale Familie. Keiner dachte auch nur im Entferntesten daran, dass sie ihn hatte umbringen wollen. Doch wer sonst sollte ein Motiv gehabt haben?

Die Polizei vermutete eine Vergiftung und konfiszierte sämtliche Küchenutensilien sowie den Inhalt ihrer Speisekammer und ihres Kühlschranks, aber sie fand nichts. Sie war umsichtig genug gewesen, alle Behälter des Gifts zu sterilisieren und alles wegzuwerfen, was mit dem furchtbaren Zeug in Berührung gekommen sein konnte.

Auch ihre Hausaufgaben im Internet hatte sie offenbar gut gemacht, denn bei der Autopsie waren keinerlei Spuren des Gifts in Dans Körper gefunden worden. Herzversagen schien tatsächlich die Todesursache zu sein.

Doch mittlerweile hatten die Medien Wind von der Geschichte bekommen und Susan aufs Korn genommen. Sie wurde als »verdächtige Person« beschrieben, die von der Polizei befragt wird, und man ließ sie nicht in Ruhe. Es waren die Medien, die zuerst auf die Beziehung zwischen Susan und Jerry stießen, und die Auszahlung der Lebensversicherung von fünf Millionen Dollar an die Witwe machte die Geschichte besonders pikant.

Der Verdacht, dass Susan ihren Mann des Geldes wegen umgebracht haben könnte, verstärkte sich so sehr, dass Jerry schließlich extrem beunruhigt war und eine Erklärung von Susan verlangte.

»Ich habe es für uns getan«, gestand Susan.

»Was hast du getan?«, schrie Jerry.

»Dan war nicht glücklich, aber wir sind es. Jetzt können wir für immer zusammen sein.«

»Wie bitte?« Jerry konnte es nicht fassen.

»Es war die einzige Möglichkeit«, sagte Susan mit sanfter Stimme.

»Du hast ihn umgebracht? Hast du den Verstand verloren?«

»Niemand wird es je erfahren. Schon bald wird niemand mehr danach fragen. Es gibt keine Beweise. Die Presse wird bald wieder verschwinden. Ich liebe dich, Jerry.«

»Das ist verrückt!«, fauchte Jerry. »Ich muss hier weg!«

»Nein! Bitte verlass mich nicht. Es wird alles gut. Lass mich nicht im Stich, Jerry. Wir müssen zusammenhalten.«

Jerry war mittlerweile vollkommen in Panik, und sie hatte keine Chance mehr, ihn umzustimmen. Die Möglichkeit, dass man ihm seine kostbare Freiheit nehmen könnte, versetzte ihn in Angst und Schrecken. Der Gedanke daran war ihm unerträglich. Obwohl er deutlich erregt war, sah er klar genug, dass er leicht in die Mordgeschichte verwickelt werden könnte. Das wollte er auf keinen Fall. Er liebte Susan, aber nicht genug, um sich in einen Mordkomplott verwickeln zu lassen und am Ende als Anstifter des Mordes dazustehen. Er verließ sie schnell und machte ihr sehr deutlich klar, dass er niemals wiederkommen würde.

Susan war am Boden zerstört. Bei der Planung von Dans Ableben war sie mit kühlem Kopf vorgegangen, und bei der Ausführung der Tat hatte sie kaum Gefühle gezeigt. Jetzt mit Jerry war es das genaue Gegenteil. Sie war außer sich vor Zorn darüber, dass er sie verließ, und je mehr sie darüber nachdachte, desto mehr Rachegedanken stiegen in ihr auf.

Aus ihrer Perspektive hatte er unnachgiebig um sie geworben, ihr sogar nachgestellt, sodass sie schließlich alles für ihn riskiert hatte, weil sie sich seiner Liebe so sicher war. Im Gegenzug hatte er sie betrogen und mit der ganzen Sache allein gelassen, nur um seine eigene Haut zu retten. Dafür würde er bezahlen!

Obwohl sie noch immer überzeugt war, dass sie davonkommen würde, malte sie sich schon aus, wie sie, wenn sie dennoch gefangen und verurteilt würde, dafür sorgen wollte, dass auch er nicht lange auf freiem Fuße bliebe. »Die Hölle kennt keine größere Furie als ein verschmähtes Weib«, hatte schon Shakespeare vor vielen Jahrhunderten gewarnt. Sie würde den Strafverfolgungsbehörden sagen, dass Jerry beteiligt war, dass er den Plan gekannt und unterstützt habe.

Susan hatte keinerlei Spuren hinterlassen, und es sah ganz so aus, als würde sie davonkommen. Trotzdem wollte sie sich an Jerry rächen. Ihre Liebe hatte sich in tiefen Hass verwandelt.

Sie war allerdings kein Computerexperte und hatte nicht damit gerechnet, dass Spuren ihrer Nachforschungen auf ihrem Computer geblieben waren. Sogar als die Polizei ihren Computer mitnahm, fühlte sie sich noch sicher, weil sie sorgfältig darauf geachtet hatte, alles zu löschen – meinte sie jedenfalls. Doch als die kriminaltechnischen Spezialisten die Festplatte genau untersuchten, fanden sie alles, was sie jemals aus dem Internet heruntergeladen hatte, und konnten es wieder abrufen. Schon bald hatten sie genügend Indizienbeweise gesammelt, um sie des Mordes anzuklagen.

Als ihr Fall vor Gericht kam, versuchte sie von Anfang an Jerry hineinzuziehen, indem sie sich auf ihre Unzurechnungsfähigkeit berief. Sie sagte, er habe ihr derart den Kopf verdreht und sie völlig verrückt gemacht, bis sie am Ende nachgegeben habe, damit er das Geld bekommt. Die Geschworenen nahmen ihr das nicht ab. Sie glaubten ihr allerdings, dass Jerry davon gewusst und sie ermuntert hatte. Er wurde zu 25 Jahren verurteilt. Sie hatte ihre Rache.

Jerry lag auf seiner Pritsche, zog an seiner Zigarette und dachte an Susan. Morgen würde man ihr die Todesspritze setzen. Dies war der Tag, auf den er seit Jahren gewartet hatte.

Ein Teil von ihm hatte ihr den Tod gewünscht, seit er im Gefängnis saß. Je länger er im Gefängnis saß, desto bitterer wurde er darüber, dass sie einen Meineid geschworen hatte, nur um ihn zu belasten. Er wusste, dass sie eine abgebrühte, unbarmherzige Frau war. Doch in ihm gab es immer noch einen Teil, der diese Frau liebte.

Seit ein paar Jahren hatte er sogar ein gewisses Mitgefühl für sie entwickelt und konnte verstehen, dass sie wirklich nicht ganz bei Sinnen gewesen sein musste, als sie Dan umgebracht hatte. Er verstand, dass ihr falsches Zeugnis gegen ihn Ausdruck einer tiefen Verzweiflung gewesen sein musste. Dies waren die ersten, zarten Anzeichen von Vergebung, die in ihm wach wurden. Dennoch war der Verlust seiner persönlichen Freiheit ein sehr hoher Preis, und im Moment verspürte er eine gewisse Genugtuung darüber, dass sie für ihre Missetaten mit dem Leben bezahlen würde.

Die Hinrichtung würde einen Endpunkt markieren. Jetzt musste er nur noch seine Strafe absitzen, und dann wäre er wieder ein freier Mann. Es würde sich nicht mehr alles nur um sie drehen. Er wäre endlich frei. Sie wäre tot – auf mehr als eine Weise.

Er lag da und dachte darüber nach, wie sie sich jetzt wohl fühlte. War sie voller Angst oder fügte sie sich in ihr Schicksal? Empfand sie Reue? Betete sie? Ob sie überhaupt noch an Gott glaubte? Damals war sie nicht sehr religiös gewesen, doch es ist immer wieder erstaunlich, wie Menschen zu Gott finden, wenn sie dem Tod nahe sind. Vielleicht ging es ihr genauso.

Doch Susan betete nicht. Sie wusste nicht, wie man betet. Sie wünschte, sie könnte an Gott glauben, denn sie hatte Angst, und ihre Angst wurde von Minute zu Minute größer.

Wie gern hätte sie etwas gehabt, an das sie sich halten und zu dem sie hätte beten können. Nie zuvor in ihrem Leben hatte sie sich mehr allein und verängstigt gefühlt. Nur noch eine schreckliche Nacht hatte sie vor sich, wahrscheinlich ohne ein Auge zuzutun, und dann – das Unvorstellbare.

Nur noch ein paar Stunden, in denen sie Schuld und Reue erleiden musste, weil sie Dan umgebracht hatte. Sie konnte es immer noch nicht fassen, dass sie überhaupt auf die Idee gekommen war, es zu tun. Ja, ihr Leben war langweilig geworden und sie hatte sich so nach Jerry gesehnt. Doch Dan war so ein netter Mann gewesen. Er hatte es nicht verdient zu sterben. Und die Kinder hatten es nicht verdient, ihren Vater zu verlieren. »Es tut mir so leid«, wimmerte sie immer wieder vor sich hin. »Es tut mir so leid.«

Sie lag in ihrer dunklen Zelle, und ihre Gedanken kreisten darum, was sie getan hatte. Sie fragte sich, was Jerry jetzt wohl machte. Sie stellte sich vor, wie er in seiner Zelle gefangen war. Sie wusste, wie sehr er darunter litt. Seine Freiheit hatte ihm so viel bedeutet. Es zerriss ihr das Herz, wenn sie darüber nachdachte, wie sie ihn in diese Situation gebracht hatte. Was für eine herzlose Furie muss ich gewesen sein, ihm so etwas anzutun, sagte sie sich.

Und ebenso wie Jerry begonnen hatte, ihr zu verzeihen, war auch ihr Hass gegen ihn über die Jahre allmählich abgeflaut. Die Liebe war teilweise wieder eingekehrt und ihr Herz war ihm gegenüber weicher geworden.

Sie fragte sich, ob er wusste, dass sie kurz vor ihrer Hinrichtung stand. Wahrscheinlich. Die Zeitungen waren voll davon gewesen. Irgendjemand hätte es ihm gewiss erzählt. Ihr Brief würde ihn erreichen, wenn sie tot war. So hatte sie es geplant.

> Lieber Jerry,
> Wenn Du dies liest, bin ich nicht mehr am Leben. Ich habe es verdient, für das, was ich Dan und meinen Kindern angetan habe, zu sterben. Ich bin ein abgrundtief schlechter Mensch, und die Welt wird ohne mich besser sein.

Es tut mir auch leid, was ich Dir angetan habe, und ich bitte Dich um Vergebung, auch wenn ich sie nicht verdient habe. Es war schrecklich, Dir das anzutun. Ich war so verzweifelt und sah keinen Ausweg mehr. Wahrscheinlich wirst Du das niemals verstehen können.

Ich liebe Dich sehr, Jerry. Die ganzen Jahre im Gefängnis habe ich oft darüber nachgedacht, was alles hätte sein können. In meinen Träumen haben wir uns immer wieder geliebt, wie früher.

Bald wirst Du wieder frei sein. Wirst Du Dich an mich erinnern? Oder wirst Du mich auf immer aus Deinem Gedächtnis verbannen?

Ich habe Angst vor dem, was mir bevorsteht, Jerry. Ich bin so allein. Das Einzige, was mich in diesen letzten Stunden am Leben hält, sind meine Erinnerungen an unsere gemeinsamen Stunden. Bitte vergiss mich nicht. Ich liebe Dich.

Bis zuletzt,
Susan

Zum Glück wurde sie trotz ihrer aufwühlenden Gefühle vom Schlaf übermannt. Ihre Lider wurden schwer, ihr Atem ging ruhiger und rhythmischer. Sie glitt ins Land der Träume.

Plötzlich nahm sie über sich ein starkes Licht wahr. Es sah aus, als käme es aus der linken oberen Ecke ihrer engen Zelle. Das Licht wurde heller und immer intensiver.

Sie wusste nicht, ob sie schlief oder wach war oder ob sie sich das Ganze nur einbildete. Es war, als habe sie einen Klartraum – ihr war bewusst, dass sie schlief und träumte. Ihre Augen waren geschlossen. Es war ihr klar, wo sie sich befand, und sie spürte die harte Pritsche unter sich. Klar stand ihr vor

Augen, dass sie morgen sterben würde. Dies war keine andere Wirklichkeit – es war dieselbe Wirklichkeit, in der sie seit zehn Jahren lebte.

Doch das Licht war etwas völlig Neues. Es war etwas, was sie noch nie zuvor erlebt hatte. Noch außergewöhnlicher war die Tatsache, dass plötzlich alle Angst und aller Schrecken von ihr gewichen waren. Alles, was sie fühlte, war tiefer Friede. Das Gefühl umhüllte sie wie eine warme Daunendecke. Es schenkte ihr Trost, und sie spürte, wie eine behagliche Wärme ihren ganzen Körper durchströmte.

Das Licht schien durch ihre Augenlider, sodass sie die Augen geschlossen halten konnte. Träumte sie immer noch? Sie war sich nicht sicher. Sie hatte kein Bedürfnis, die Augen zu öffnen. Das allein war schon sehr seltsam.

Nach einer Weile begann das Licht allmählich eine Form anzunehmen. Es erinnerte entfernt an eine menschliche Gestalt, aber das Licht war so hell, dass man keine Gesichtszüge oder genauen Umrisse erkennen konnte. Sie spürte eine tiefe, überwältigende Liebe, die von der Gestalt ausstrahlte.

Als sie zu ihr sprach, hatte sie das Gefühl, die Stimme sei in ihrem Kopf, und dennoch war sie völlig real.

»Hallo Susan. Ich bin hier, um dir auf deiner Reise zur anderen Seite beizustehen und den Weg für dich zu bereiten.«

Die Stimme war weich und sanft, doch in ihren Ohren klang sie eher männlich als weiblich.

»Wer bist du? Was bist du?«, flüsterte Susan. »Träume ich bloß, oder bist du wirklich da?«

»Ich komme im Traum zu dir«, erwiderte die Gestalt. »Wäre ich dir begegnet, als du wach warst, hättest du Angst bekommen und nicht zugelassen, dass du mich wahrnimmst. Das hätte zwar keinen Unterschied gemacht, da wir Engel ohnehin meist im Unsichtbaren arbeiten, aber in diesem Fall war es uns wichtig, dass du mich siehst.«

»Uns? Ich sehe nur einen von euch«, sagte Susan, die sich im Gefängnis daran gewöhnt hatte, alles, was man ihr sagte, infrage zu stellen und immer auf Zeichen zu achten, die darauf hinweisen könnten, dass sie hinters Licht geführt wurde. Sie vertraute niemandem.

»Ich erscheine dir jetzt zwar als ein Einzelner, aber in Wirklichkeit sind wir eine Einheit. Ich stehe in dieser Gestalt stellvertretend für viele Seelen und viele Engel, besonders aber für diejenigen, die mit dir gearbeitet haben.«

»Warum bist du hier?«, fragte Susan, innerlich noch immer getragen von dem warmen Gefühl der Liebe, das ihre Zelle erfüllte. Zehn Jahre lang hatte sie nichts anderes erlebt als ungemütliche Kälte und harte Wände. Es war ein wahrhaft himmlisches Gefühl.

»Wir sehen die Schuld und den Schmerz, die dich bedrängen, während du dich auf den Übergang zur anderen Seite vorbereitest«, erklärte die Gestalt. »Wir wollen diesen Schmerz lindern.

Es gibt aber noch einen weiteren Grund. Da man dich absichtlich auf eine Art und Weise töten wird, die dich bewusstlos durch den Sterbeprozess führt, halten wir es für fair, dich darauf vorzubereiten. Jeder Mensch sollte das Privileg haben, bei vollem Bewusstsein zu sterben. Auf diese Weise wirst du weniger schockiert und verwirrt sein, wenn du zur anderen Seite übergehst.«

»Macht ihr das mit allen Menschen?«, wollte Susan wissen.

»Ja, mehr oder weniger. Meistens tun wir es allerdings so, dass der Einzelne von unseren Vorbereitungen nichts mitbekommt. Einige Menschen haben das Gefühl, ihren eigenen bevorstehenden Tod bereits zu ahnen. Doch die meisten wissen es nicht.«

»Warum hast du dich ausgerechnet mir zu erkennen gegeben?«, fragte Susan. »Ich bin nicht religiös und habe nie an Gott geglaubt. Selbst jetzt, wo ich meinem Tod in die Augen schaue, glaube ich nicht an Gott. Man sollte meinen, ich hätte in den letzten Stunden meines Lebens gelernt zu beten, oder? Habe ich aber nicht.«

»Es ist nicht notwendig«, erwiderte die Gestalt mit ruhiger Stimme. »Für jeden wird auf die gleiche Weise gesorgt. Wir machen keine Unterschiede. Was jemand glaubt, ist irrelevant. Ohnehin weiß niemand, was wirklich los ist, und uns ist es egal, welchen Glauben jemand hat.«

»Aber es gibt andere hier, die es viel eher verdient hätten, dass man ihnen diese Chance gibt«, wandte Susan ein. »Die meisten von ihnen haben die Verbrechen, für die sie verurteilt wurden, noch nicht einmal begangen und müssen nun sterben, nur weil sie einen schlechten Anwalt hatten, der sich einen Dreck um sie gekümmert hat. Sie sind nur arme, benachteiligte Typen, die in die Mühlen dieses sogenannten Rechtssystems geraten sind. Und wahrscheinlich glauben sie sogar an Jesus. Das sollte doch für etwas gut sein!

Aber ich? Ich bin wirklich schuldig – so schuldig, dass ich eher die Hölle als einen Engel wie dich verdient hätte. Ich habe meinen Mann kaltblütig ermordet. Ich fühle mich zu Recht schuldig und habe es verdient zu sterben. Ich bin ein hartherziges, selbstsüchtiges Weib und habe es kein bisschen verdient, von dir Hilfe zu erhalten.«

»Offenbar ist da jemand auf unserer Seite anderer Meinung«, erwiderte die Gestalt. »Jemand, den du sehr gut kennst.«

»Wer?«

»Susan, ich bin's – Dan.«

Susan war völlig außer sich. Sie war sich noch immer nicht sicher, ob all dies ein Traum war. Kam die Stimme, die erstaunlich ähnlich klang wie die von Dan, aus ihrem Kopf oder aus dem Umkreis der Gestalt? Vielleicht beides. Seine Stimme zu hören – vorausgesetzt es war wirklich seine Stimme – hatte jedoch etwas zutiefst Verstörendes. Schließlich war dies der Mann, den sie umgebracht hatte. Doch gleichzeitig war es auch seltsam beruhigend. War er etwa noch am Leben? Eine Zeit lang vermochte sie nicht den Mund zu öffnen, geschweige denn zu sprechen.

»Ich weiß, das muss ein Schock für dich sein, Susan«, fuhr Dans Stimme fort. »Ich habe darauf bestanden. Ich bin dafür verantwortlich. Ich konnte es nicht ertragen, dich so leiden zu sehen. Gewöhnlich geschieht dies erst dann, wenn man gestorben ist. Doch ich wollte, dass du es weißt, bevor du durch den Tod gehst, denn du wirst durch die Drogen, die man dir morgen verabreicht, zutiefst betäubt und traumatisiert sein.

Du wirst natürlich deinen Körper ablegen, aber in dem Energiefeld, mit dem du heimkehrst, wird noch sehr viel Müll stecken. Das wird es dir schwer machen, die Wahrheit, die sich vor dir entfaltet, in dich aufzunehmen. So geht es allen Seelen beim Übergang. Daher bin ich mit all den anderen Engeln hierhergekommen, um dir wenigstens etwas davon schon jetzt zu enthüllen. Es wird dir den Prozess erleichtern.«

»Wieso bist du eigentlich nicht böse auf mich, Dan, wo ich dich doch auf so kaltblütige, berechnende Art umgebracht habe?«, fragte Susan. »Ich habe dich gewaltsam von deinen Kindern getrennt. Und schau, wie sie jetzt leiden. Ich habe es aus rein egoistischen Motiven getan – nur um bei Jerry zu sein und das Geld von der Versicherung zu bekommen. Wenn das nicht unverzeihlich ist, was dann? Und trotzdem ist alles, was ich jetzt von dir und allen anderen in diesem Raum spüre, Liebe. Wie ist das möglich?«

»Es wird nicht mehr lange dauern, dann wird dir das alles klar sein. Jetzt solltest du dich erst einmal entspannen, deinen Geist klären«, erwiderte Dan. »Mein Engel der Inkarnation wird dir alles erklären, sobald du dazu bereit bist. Einverstanden?«

Susan war noch immer in einem luziden Traumzustand. Regungslos und mit geschlossenen Augen lag sie auf ihrer Pritsche. Gleichzeitig spürte sie absolut klar und deutlich, was sich hier abspielte. Sie war sich noch immer nicht sicher, ob dies ein Traum war oder nicht. Doch was sie nun hörte, überzeugte sie davon, dass alles wahr war. Das hätte sie sich selbst in ihren kühnsten Träumen nicht ausdenken können.

Die Lichtgestalt sprach: »Susan, ich war bereits vor deiner Menschwerdung dein Engel der Inkarnation. Das heißt, ich war derjenige, der dir bei der Planung deines Lebens geholfen hat. Mein Name ist Harley. Du und ich und deine Seelengruppe, zu der auch Dan, Jerry, deine Mutter, dein Vater und eine ganze Reihe anderer Seelen gehören, haben alles bis ins kleinste Detail gemeinsam geplant. Und ich muss sagen, es hat bislang ausgezeichnet funktioniert.«

»Moment mal«, unterbrach Susan. »Was soll das heißen, du und Dan, Jerry und meine Eltern haben das alles geplant? Du spinnst! Warum sollte ich ein so schreckliches Ende planen?«

»Es ist wahr, Susan«, sagte Dan. »Ich hätte es auch nicht geglaubt, während ich noch in Menschengestalt auf der Erde war. Als Arzt und Wissenschaftler war ich nur offen für die wissenschaftlich erklärbare Realität.

Doch als ich hinübergegangen war und mich an die neue Schwingung gewöhnt hatte, erkannte ich, dass meine Sicht der

Welt im Rahmen der irdischen Realität zwar wahr war, aber nicht die ganze Wahrheit. Es war alles eine Illusion. Die Wahrheit lag woanders.

Schon bald erkannte ich, dass wir als vernunftbegabte Geistwesen absichtlich die Inkarnation in eine menschliche Gestalt wählen, manchmal sogar mehrmals, um die Lektionen zu lernen, die uns bei unserer spirituellen Entwicklung helfen. Die Vorstellung, dass wir ›gefallen‹ sind und dass Gott daher wütend auf uns ist, ist völlig abwegig, und eine Hölle gibt es auch nicht. Das kannst du mir glauben.«

»Das Gefängnis ist meine Hölle«, sagte Susan.

»Das kann ich gut verstehen«, erwiderte Dan.

»Es dauerte nicht lange, bis ich wieder mit Harley und den anderen aus meiner Seelengruppe vereint war, die dageblieben oder vor mir inkarniert und zurückgekommen waren«, fuhr Dan fort. »Harley ging mein ganzes Leben mit mir durch und machte mich damit vertraut, wie alles, was mir je zugestoßen ist, Teil meines Plans für die gerade zu Ende gegangene Inkarnation war.«

»Einschließlich von mir umgebracht zu werden?«, witzelte Susan, die noch immer dem Schauspiel, das sich vor ihr entfaltete, sehr skeptisch gegenüberstand.

»Jawohl, einschließlich von dir ermordet zu werden«, erwiderte Dan, ohne einen Moment zu zögern. »Darauf hatten wir uns lange vor unserer Inkarnation geeinigt. Es gehörte zu unserer Seelenvereinbarung.«

»Und was ist mit Jerry? Ist der auch ein Teil des Komplotts?«, fragte Susan. »Wenn Jerry nicht gewesen wäre, hätte ich dich nicht umgebracht, Dan. Einen anderen Grund gab es nicht.«

»Natürlich gehört er dazu«, gab Harley zu verstehen. »Jerry spielt eine zentrale Rolle in dem Drama. Er hat seine eigenen

Lektionen zu lernen, genau wie wir alle, wenn wir auf den Planeten Erde kommen. Seine Seelenreise kommt durch den fünfzehnjährigen Gefängnisaufenthalt zur Vollendung.«

»Fünfundzwanzig Jahre«, korrigierte Susan.

»Er wird wegen guter Führung zehn Jahre früher entlassen«, entgegnete Harley. »So ist es geplant. Fünfzehn Jahre reichten aus, um ihn zu lehren, was wirkliche Freiheit bedeutet.«

»Soll das heißen, er hat sich das selbst ausgesucht?«, fragte Susan ungläubig. »Er hat sich entschlossen, fünfzehn Jahre einzusitzen, nur um eine Lektion zu lernen?«

Susan wusste, wie sehr Jerry seine Freiheit am Herzen lag, und es fiel ihr schwer zu glauben, dass er sich dieses Schicksal aus freien Stücken erwählt haben sollte, auch wenn Dan erklärte, es sei seine Seele gewesen, die diese Entscheidung getroffen habe, nicht sein Ego.

»Ja, das war seine Aufgabe«, erwiderte Harley, »zu lernen, dass Freiheit von innen kommt.« Also haben wir ihm fünfzehn Jahre lang ausgiebig Gelegenheit gegeben, seine innere Freiheit zu finden.

Susan hätte schwören können, dass sie hörte, wie nach Harleys ironischer Bemerkung ein Kichern durch den Raum ging. Sie zog es vor, es zu ignorieren.

»Zuerst hat er dich gebraucht, damit durch seine Verwicklung in den Mord die große Angst, seine Freiheit zu verlieren, in ihm ausgelöst wurde. Dann, gerade als er dachte, seine Freiheit sei ihm sicher, ging eure Beziehung in die Brüche und du hast ihn verraten. So wurde es möglich, dass er die Zeit im Gefängnis bekam, die er brauchte.

Du, Jerry und Dan, ihr drei habt schwer daran gearbeitet, eure Seelenvereinbarung zu erfüllen. Die Logistik war nicht einfach. Wir mussten mit großer Sorgfalt vorgehen, um alles geschehen zu lassen. Wir mussten sogar einmal während deiner Aussage die Geschworenen einschlafen lassen, als allzu deutlich wurde, dass du Jerry nur belastest, um dich an ihm zu rächen. Sie fingen an, dich zu durchschauen.«

»Noch mal ganz langsam«, sagte Susan. »Du behauptest also, dass ich den Mord an meinem Mann, die zehn Jahre in diesem dreckigen Loch und schließlich meine Hinrichtung als Mörderin aus freien Stücken auf mich genommen habe? Nur um irgendeine Lektion zu lernen?«

Susan war am Rande eines Nervenzusammenbruchs. Das war ein zu großer Brocken für sie. Sie, Dan und Jerry sollten das alles geplant haben? Das ist Wahnsinn, dachte sie.

»Es ist wahr, mein Liebes«, sagte eine neue Stimme, die Susan als die ihrer Mutter erkannte. »Es ist genau, wie Harley sagt. Dein Vater und ich sind hier mit Dan zusammen, seit wir gestorben sind.«

»Du auch noch!«, schrie Susan. »Erzähl mir nicht, dass du auch zu meiner Seelengruppe gehörst!«

»Doch«, antwortete die Stimme ihres Vaters. Obwohl Susan die Stimmen hörte, konnte sie immer noch niemanden sehen, außer der Gestalt im Licht, die anscheinend Harley war.

»Hier sind wir alle vereint. Und wir waren es schon viele Male vorher. Letztes Mal war ich dein Sohn. Aber du kannst dich wahrscheinlich nicht mehr daran erinnern, zumindest jetzt noch nicht. Du wirst dich aber erinnern, wenn du Einsicht in die Gesamtschau deines Lebens bekommst.

Diesmal haben wir offenbar alle ein schweres Karma auf uns genommen. Doch wir mussten es tun.

Im Gefängnis zu sitzen ist eine der schwierigsten spirituellen Aufgaben, die es gibt, aber sie gibt dir Gelegenheit, sehr, sehr viele Karmapunkte abzuarbeiten. Du und Jerry, ihr habt viel auf euch genommen, und wir als deine Eltern haben unsägliches Leid durchlebt. Zu sehen, wie ihr ins Gefängnis kommt, war für uns unerträglich. Es brach uns das Herz, aber das war es, was wir auf uns genommen haben. Dan hatte es dabei noch am leichtesten, oder?«

»Ich hatte meine schwere Aufgabe das letzte Mal zu bewältigen«, verteidigte sich Dan. »Diesmal hatte ich eigentlich eine angenehmere Tour verdient. Ich habe mich lediglich bereit erklärt, Susan bei der Erfüllung ihres Auftrags zu helfen, falls du dich erinnerst. Jemand musste ihr Ehemann sein, damit sie jemanden hatte, den sie umbringen konnte. Sobald das getan war, konnte ich wieder heimkehren. Das war die Vereinbarung, erinnerst du dich?«

»Und was sollte mir das bringen, dich zu ermorden und den Rest meines erbärmlichen Lebens in diesem Loch zu verbringen?«, erwiderte Susan. »Kannst du mir sagen, was ich daraus hätte lernen sollen?«

»Susan, du bist noch nicht bereit, dies zu erfahren«, sagte Harley mit sanfter Stimme, die Susan etwas beruhigte. »Das wird klar werden, wenn du dein Leben in der Rückschau betrachtest, sobald du auf die andere Seite kommst. Du und ich, wir werden uns wiedersehen und dies gemeinsam durchgehen. Dann wird alles klar. Du hast deine Lektion noch nicht ganz vollendet und musst noch einen Schritt weiter gehen. Wir können es dir noch nicht offenbaren. Du würdest es nicht verstehen.«

»Was soll dann das Ganze?«, fragte Susan. »Dan, Mutter, Vater, warum seid ihr ausgerechnet heute hier erschienen?«

»Um den Weg zu bereiten, Liebstes, genau wie Dan es gesagt hat«, erwiderte ihre Mutter. »Und um wenigstens einen Teil der Schuld wegzunehmen, bevor du auf die Bahre geschnallt wirst und die Gesichter auf der anderen Seite der Scheibe siehst, wie sie dich anstarren und wünschen, du wärst tot, damit sie das bekommen, was sie ›Gerechtigkeit‹ nennen.« »Dummes Geschwätz! Rache ist es, worauf sie aus sind, nicht Gerechtigkeit.«

Offensichtlich erinnerte sich ihre Mutter noch sehr deutlich an ihre menschliche Rolle als Susans Mutter, die ihr eigenes Kind verteidigt.

»Wir sind gekommen, um dich wissen zu lassen, dass du nichts falsch gemacht hast«, erklärte ihr Vater weiter. »Von unserem Standpunkt aus hat niemand jemals etwas falsch gemacht. Es hat alles seinen Sinn, und alles ist Teil des großen göttlichen Plans, den Himmel auf Erden zu erschaffen.«

»Das verstehe ich nicht mehr. Mein Verbrechen ist Teil eines Plans, den Himmel auf Erden zu erschaffen? Wie soll das gehen?«, wollte Susan wissen.

»Ich werde jetzt nicht versuchen, dir das zu erklären, Susan«, erwiderte Harley. »Alles, was ich dir jetzt sagen kann, ist, dass du und alle anderen Seelen Teil eines großen Experiments seid. Der allumfassenden Intelligenz, die ihr Gott nennt, wird ermöglicht, den Himmel auf Erden zu erschaffen. Dieses Experiment ist seit Anfang der Zeit im Gange und wird schon bald verwirklicht.«

»Und was hat das mit meiner Schuld zu tun?«, fragte Susan. »Soll das etwa heißen, dass ich in Wirklichkeit nicht des Mordes schuldig bin? Willst du das damit sagen? Wenn ja, sollte schleunigst jemand den Gefängnisdirektor anrufen und ihm sagen, er möge die Party absagen, die morgen mir zu Ehren steigen soll. Sag ihm, er kann mich sofort freilassen!«

»Susan, es ist nicht so, dass du aus menschlicher Sicht nicht schuldig bist«, erklärte Harley. »Natürlich bist du schuldig. Du hast deinen Mann umgebracht. Also bist du des Mordes schuldig. Was immer in der menschlichen Welt geschieht, wird durch menschliche Gesetze geregelt, zumindest an der Oberfläche. Es ist eine Tatsache, dass du einen Mord begangen hast und den Preis dafür bezahlst.

Selbst wenn dir jemand vergibt, wird man trotzdem weiterhin davon ausgehen, dass du einen Mord begangen hast – es sei denn, derjenige wendet Radikale Vergebung an, bei der genau das berücksichtigt wird, was wir dir gerade zu erzählen versuchen. Bei der Radikalen Vergebung wird berücksichtigt, dass es eine andere Realität gibt, die Welt der Seelen, wenn du so willst, in der die Tat, die du begangen hast, eine völlig andere Bedeutung hat. Wir haben berücksichtigt, dass du im Kontext des allumfassenden göttlichen Plans nicht nur den Mord begehst, sondern auch eine angemessene Strafe dafür bekommst, indem du eingesperrt und hingerichtet wirst. Und du hast dich vorher entschieden, es auf diese Weise zu tun.

Ein anderer Teil dieses Kontextes, in dem wir den Mord sehen, ist das Wissen, dass der Tod nicht real ist«, sagte Harley. »Niemand kann wirklich getötet werden. Als Seelen sind wir unsterblich. Wenn wir sterben, gehen wir lediglich in eine andere Schwingungsform über und setzen unsere Existenz auf einer anderen Ebene fort. Auf einer Ebene hast du Dan umgebracht, auf einer anderen nicht. Du hast ihm nur ermöglicht, seinen Körper zur vereinbarten Zeit zu verlassen. Ist das klar?«

»So allmählich fange ich an zu verstehen«, gab Susan zu. »Doch was ist mit den Kindern? Warum müssen die darunter leiden, dass ich das getan habe?«

»Ihre Seelen haben dieses Schicksal ebenfalls erwählt, Susan«, warf Dan ein. »Sie gehören auch zur Seelengruppe. Tatsächlich handelt es sich bei den beiden um sehr alte Seelen mit einem hohen Maß an Weisheit. Ihr Beitrag an der Planung war unschätzbar. Sie haben sich entschlossen, in diesem Leben sehr viele Erfahrungen hinsichtlich Mitgefühl und Vergebung zu sammeln. Ihre erste echte Prüfung beginnt morgen, wenn sie sehen, wie du stirbst.«

»Sie hassen mich aber«, sagte Susan traurig.

»Ja, und sie werden dich noch einige Zeit länger hassen«, bestätigte Harley. »Sie werden diesen Hass und diese Scham verwenden, um ihren karmischen Schmerz in diesem Leben immer wieder zu ihrem Vorteil zu nutzen.

Sie werden unbewusst viele ›schlimme‹ Situationen herbeiführen – Reflexionen jener inneren Verletzungen, die ihnen zugefügt wurden, als ihre Mutter ihren Vater tötete und dafür hingerichtet wurde. Jede dieser Situationen wird ihnen Gelegenheit geben, Vergebung zu praktizieren. Natürlich werden sie von diesen Gelegenheiten vorerst keinen Gebrauch machen. Sie werden wütend sein und heimliche Vorurteile mit sich herumschleppen. Sie werden jedem die Hölle heiß machen, der sie unbewusst an das erinnert, was du getan hast.

Jay wird Richter werden und sehr wenig Gnade für die Menschen kennen, die man ihm vorführt – vor allem nicht für weibliche Straftäter. Er wird Alkoholiker werden und irgendwann aussteigen.

Chris wird nach Afrika gehen, um für eine wohltätige Organisation zu arbeiten. Er wird meinen, etwas Gutes zu tun, aber auch er wird voller Wut sein und diese Wut auf korrupte Politiker, mit denen er zu tun hat, und auf seine Kollegen projizieren. Er wird überall Verrat wittern, und das wird ihn wahnsinnig machen. Es wird ihm immer im Weg sein, wenn er die Absicht hat, Gutes zu tun, und er wird am Ende enttäuscht und depressiv sein. Er wird über Selbstmord nachdenken, aber ihn nie begehen. Das Leben wird für beide sehr hart sein.

Doch wenn sie beide um die vierzig sind und kurz vor dem Zusammenbruch stehen, wird man ihnen das Konzept der Radikalen Vergebung vorstellen, und zwar völlig unabhängig voneinander, denn die beiden werden sich seit Jahren aus den Augen verloren haben. Dies wird ihnen helfen, sich für die Möglichkeit zu öffnen, dass hinter allem, was geschehen ist, eine göttliche Absicht steht.

Von da an wird ihnen ihre spirituelle Intelligenz helfen, sich für die ganze Wahrheit zu öffnen und zu erkennen, wer sie wirklich sind, auf welcher Reise sie sich befinden und was das alles zu bedeuten hat. Ihr Leben wird sich von da an drastisch ändern, und schon bald werden sie dir ganz vergeben haben. Mit den Worten der Radikalen Vergebung ausgedrückt heißt das nichts anderes, als dass sie vollständig erkannt haben, dass alles vollkommen ist und du nichts Falsches getan hast.«

Susan fiel es nicht leicht, sich darauf einzulassen. Sie konnte ihre Kinder in dem, was Harley da beschrieb, nicht wiedererkennen. Wohl aber konnte sie sehen, wie das, was sie ihnen angetan hatte, ihnen später im Leben diese Probleme bereiten würde.

Susan begann wieder, sich Vorwürfe zu machen, weil sie das Leben ihrer Kinder ruiniert hat, und sie spürte die ganze Last der damit verbundenen Schuld. Harley ging, ohne zu zögern, auf ihre Gedanken und Gefühle ein.

»Sag das nicht, Susan«, sagte er. »Es braucht keine Schuld mehr. Die Kinder sind auf ihrer Reise und es geht, entsprechend ihrer eigenen Planung, gut voran. Du hast all die Schuld, die du abarbeiten musstest, bereits abgearbeitet. Jetzt ist es an der Zeit, Radikale Vergebung für dich selbst zu üben und die Wahrheit zu erkennen. Es ist Zeit, die Bereitschaft deiner Seele, dich in eine so schwierige Lektion zu führen, zu erkennen und zu würdigen.«

Susan spürte, wie ihr die Tränen über die Wangen liefen. Sie hatte seit Jahren nicht mehr geweint. Nun kamen Wogen wundersamer Gefühle in ihr hoch. Ein Gefühl tiefer Liebe und Anerkennung für sich selbst und alles, was sie als Mensch war, durchströmte sie.

Ihre Tränen entsprangen der Freude darüber, dass plötzlich alles Sinn machte. Alles war klar. All die Schuld und der ganze Schmerz schmolzen dahin, als sie die Liebe spürte, die ihrem Leben zugrunde lag. Nichts machte ihr mehr etwas aus. Selbst die Hinrichtung schien ein Nichts zu sein. Sie würde mit Würde und Bescheidenheit hindurchgehen.

Plötzlich merkte sie, dass das Licht nicht mehr da war. Sie öffnete die Augen. Nichts. Nur die Zellenwände und die wenigen persönlichen Dinge, die man ihr in der Zelle gestattete.

War es nur ein Traum gewesen? Hatte sie sich das alles eingebildet, um sich psychisch auf die Hinrichtung vorzubereiten? Hatte ihre Fantasie verrückt gespielt?

All diese Fragen rasten Susan durch den Kopf. Doch es dauerte nicht sehr lange, bis sie spürte, dass kein Traum und keine Wahnvorstellung ihr Bewusstsein so weit hätten verändern können. Das Gefühl des Friedens und der Gelassenheit, das sie verspürte, war unbeschreiblich. Sie konnte es sich nicht anders erklären, als dass es ein Geschenk aus der Welt der Seelen war. Das Gefühl, sich selbst zu lieben und zu akzeptieren, welches sie nun verspürte, ging weit über alles hinaus, was sie bisher kannte. Sie akzeptierte es als Gnadengeschenk. Sie wusste, dass sie wahre Vergebung erfahren hatte, Radikale Vergebung.

Am nächsten Morgen wurde sie von den Gefängnisaufsehern geweckt. Sie schauen alle so ernst drein, dachte sie. Es fiel ihr nicht leicht, ein überlegenes Lächeln zu unterdrücken: »Wenn ihr wüsstet ...«

Sie wussten natürlich nichts. Aber sie bemerkten, dass etwas an Susan anders war. Sie schien auf seltsame Weise verändert. Man konnte sehen, dass sie völlig im Frieden mit sich war. Wie kann jemand, der seine letzten Schritte zur Hinrichtung geht, einen solchen inneren Frieden ausstrahlen? Die einzige Erklärung, die sie hatten, war, dass sie vielleicht in letzter Minute Gott gefunden hatte.

Der Gefängnisgeistliche, der die Verurteilten nach ihrer Überführung in die Hinrichtungskammer auf den Tod vorbereitet, bemerkte ebenfalls, dass sich Susan deutlich verändert hatte, was er sich nicht erklären konnte.

Am Tag zuvor hatte er sie als unwirsch und unkommunikativ erlebt. Sie hatte all seine religiösen Angebote abgelehnt. Obwohl sie tapfer dreinzuschauen versucht hatte, wusste er, dass sie voller Angst war und trotzdem keine Hilfe von ihm annehmen wollte.

Jetzt sah er in leuchtende Augen und in ein lächelndes und friedliches Gesicht. Susan strahlte eine stille Zuversicht aus, und als er über Gott sprach, widersprach sie ihm nicht, sondern lächelte nur. Er konnte es kaum glauben. Was war geschehen?

An ihrem letzten Tag hatte sie das Recht auf ein Zusammensein mit Familienmitgliedern, die den Wunsch geäußert hatten, sie zu sehen. Ihr Bruder Bob und ihre beiden Söhne, Jay und Chris, hatten einen entsprechenden Antrag gestellt.

Sie wusste, dass dies sehr schwierig werden würde, sogar nach dem, was gerade geschehen war. Obwohl sie jetzt die Wahrheit erkannt hatte, wusste sie, dass ihre Söhne keine andere Möglichkeit hatten, als in ihr die kaltblütige Mörderin ihres Vaters zu sehen. Bob konnte es auch nur so sehen: Seine

Schwester hatte seinen besten Freund getötet und würde nun den Preis dafür bezahlen.

Angstvoll und verzagt betraten die beiden Söhne den Raum. Sie standen kurz vor dem emotionalen Zusammenbruch, denn ihrer Erwartung nach musste ihre Mutter eine gebrochene, verbitterte und verängstigte Frau sein.

Stattdessen fanden sie eine Frau, die ruhig, friedlich und seltsam glücklich aussah. Susans Ausstrahlung war voller Frieden, und nach einer Weile wurden die beiden ebenfalls davon ergriffen. Bob fühlte sich genauso. Eine ganze Weile sagte niemand etwas. Dann sprach Susan mit ruhiger Stimme: »Ich bin bereit. Und es ist gut so. Doch glaubt mir, es tut mir leid, dass ich euch all diese Schmerzen zugefügt habe. Ich hoffe, dass ihr mir eines Tages vergeben könnt.« Außer diesen knappen, liebevollen Worten wurde nichts gesagt. Es schien, als seien Worte nicht mehr notwendig. Die drei Männer verließen den Raum in Ruhe, aber noch immer sehr verwirrt.

Am späten Nachmittag erhielt Susan ihre Henkersmahlzeit. Obwohl es schwer vorstellbar ist, dass jemand zwei Stunden vor seiner Hinrichtung noch einen gesunden Appetit entwickelt, aß Susan gut und genoss das beste Essen, das man ihr seit langer Zeit vorgesetzt hatte. Sie schmunzelte innerlich über die seltsame Gepflogenheit, einem Todeskandidaten kurz vor seiner Hinrichtung eine »Henkersmahlzeit« zu servieren. Der Gedanke hielt sie jedoch nicht davon ab, es sich schmecken zu lassen.

Die Hinrichtung war für 18:00 Uhr geplant. Kurz vorher wurden die vier Mitglieder von Dans Familie (Dans Bruder, zwei Schwestern und einer von ihren Verlobten), die dem Ereignis beiwohnen durften, zusammen mit den Personen, die sie darauf vorbereitet hatten, in den Zuschauerraum geführt.

Hinter einer Wand saßen in ihrem eigenen Raum Chris, Jay und Bob mit ihren Begleitern. Es gab keine vierte Person, aber symbolisch hätte es Jerry gewesen sein können. Die beiden Gruppen waren zwar durch eine Wand voneinander getrennt, aber alle konnten durch das Fenster schauen und hatten eine unverstellte Sicht auf das Geschehen.

Susan war bereits da, auf eine Bahre geschnallt. Eine Infusion war an ihre Vene angeschlossen, und eine Salzlösung wurde verabreicht. Der Gefängnisgeistliche stand an ihrer Seite und hielt ihr die Hand. Er blieb während der gesamten Prozedur mit ihr in Kontakt.

»Endlich«, sagte eine der Schwestern, »bekommt sie, was sie verdient hat. Ich bin froh, dass ich hier bin und sie sterben sehe. Auf diesen Augenblick habe ich lange gewartet.«

»Sie ist eine kaltblütige Mörderin«, sagte eine andere Schwester. »Dan für das Versicherungsgeld umzubringen, damit sie mit ihrem Traummann durchbrennen kann. Der arme Dan.«

Sie begann zu weinen und tupfte ihre Augen mit einem Taschentuch ab. »Er war so gut zu ihr und ihren Kindern«, sagte sie.

Dans Eltern hatten Jay und Chris adoptiert und sie bis zu ihrem Tod wie ihre eigenen Kinder behandelt. Doch die Tanten und Onkel hatten sich nicht verpflichtet gefühlt, den Kontakt aufrechtzuerhalten. Irgendwie brachten sie die Jungs mehr mit Susan als mit Dan in Verbindung, was dazu führte, dass sie ihre Wut teilweise auf die beiden übertrugen. Jay und Chris waren zu Sündenböcken geworden.

Susan schaute durch das Fenster auf die Zuschauer ihrer Hinrichtung, zuerst auf ihre Söhne und ihren Bruder. Sie schaute den beiden Jungs geradewegs in die Augen. Da sie auf der anderen Seite nicht zu hören war, deutete sie durch übertriebene Mundbewegungen an: »Ich liebe euch.« Sie lächelte die beiden an, wie eine Mutter ihre Söhne anlächelt. Sie hatte dabei nichts Spezielles im Sinn – nur die Liebe zu ihren Kindern. Sie lächelte Bob an und machte die gleichen Mundbewegungen wie zu ihren Söhnen.

Dann wandte sie sich Dans Familie zu und sagte: »Es tut mir leid.« Das war alles. Sie hatte bereits auf ihr Recht verzichtet, die offiziellen letzten Worte zu sprechen.

Dans Familie war geschockt. Sie hatten nicht erwartet, Susan so ruhig und friedlich zu erleben. Sie schien keine Angst vor dem zu haben, was auf sie zukam. Sie hatte sogar ein Lächeln auf den Lippen. Ihre Hände waren ruhig. Etwas Außergewöhnliches schien in ihr vorzugehen. Die beiden Schwestern schauten einander ungläubig an und runzelten die Stirn. Sie hatten Angst und Schrecken in ihren Augen sehen wollen und wurden enttäuscht.

Als die erste Ladung der Todesdroge – von einem getrennten Raum aus ferngesteuert – in ihre Venen gepumpt wurde, schloss Susan zum letzten Mal die Augen. Stille. Niemand sprach ein Wort. Niemand bewegte sich. Der Tod trat innerhalb von acht Minuten ein.

Sobald sie für tot erklärt worden war, wurden beide Familien hinausgeführt und zu ihren jeweiligen, vorher arrangierten Pressekonferenzen begleitet. Mikrofone und Kameras waren aufgestellt. Reporter saßen an Tischen.

Wie üblich fragten eifrige Reporter die Angehörigen des Mordopfers, wie sie sich jetzt fühlten, nachdem das Urteil vollstreckt und eine gefährliche Verbrecherin aus der ehrbaren Gesellschaft entfernt worden war. »Haben Sie das Gefühl, dass die Sache nun abgeschlossen ist und Sie wieder ruhig schlafen können?«

Seltsamerweise gingen Dans Angehörige nicht auf die Fragen der Reporter ein, die erwarteten, dass sie aus der Opferperspektive sprechen und Susan als die Böse hinstellen würden. Ihre Äußerungen waren eher zurückhaltend, obwohl Dans Schwestern eigentlich geplant hatten, die Gelegenheit zu nutzen, um ihrem Hass auf Susan in aller Öffentlichkeit freien Lauf zu lassen. Doch zu ihrer eigenen Verwunderung fehlten ihnen die Worte, um ihre Gefühle zum Ausdruck zu bringen – wahrscheinlich weil sie selbst nicht mehr wussten, wie sie sich fühlen sollten.

Die Reporter waren sichtlich enttäuscht, ebenso wie die Redakteure in der Nachrichtenabteilung. Sie alle hatten sich eine etwas giftigere Reaktion gewünscht, die sich sicherlich besser hätte verkaufen lassen. Etwas, das eine solche Reaktion ausgelöst hatte, musste in diesem Raum vorgefallen sein. Doch niemand äußerte sich dazu.

Tatsächlich hatten sie etwas in Susans Augen gesehen. Als sie durch die Trennscheibe schaute, kurz bevor sie zum letzten Mal die Augen schloss, schien es, als wolle sie ihnen etwas mitteilen. Alle hatten es gespürt. Doch niemand wusste genau, was es war, und niemand verlor ein Wort darüber.

Auf die Pressekonferenz folgten die üblichen Abschlussbesprechungen, und dann gingen alle wieder ihrer Wege, zurück in ihren Alltag. Doch niemand ging zurück, ohne das Gefühl zu haben, dass diese Erfahrung sie oder ihn innerlich verwandelt hatte.

SECHSTER TEIL

Die Methode der Radikalen Selbstvergebung und Selbstakzeptanz

10 DIE DREI BRIEFE

Dies ist ein sehr effektives Werkzeug für die fünf Stadien der Radikalen Vergebung. Die Idee ist sehr einfach. Zuerst schreiben Sie Ihre Briefe aus der Opferperspektive. Dann werde ich aufzeigen, wie Sie sich mithilfe dieser Methode aus der Perspektive des Täters selbst vergeben. Wir werden die Struktur aller drei Briefe besprechen und zeigen, wie sie aussehen könnten, wenn Susan sie geschrieben hätte. Ich empfehle, dass Sie sich zwischen dem Schreiben der einzelnen Briefe mindestens einen Tag Zeit lassen, jedoch nicht mehr als 48 Stunden.

Der Brief aus der Opferperspektive

Ihr erster Brief als jemand, der verletzt wurde, richtet sich an denjenigen, der für die Verletzung verantwortlich ist. Dabei kann es sich nicht nur um eine Person handeln, sondern auch um eine Institution, eine Regierung, eine Kirche oder eine Gruppe. Schreiben Sie, wie sehr Sie gelitten haben und wie schwer Sie durch das, was Ihnen angetan wurde oder noch angetan wird, verletzt wurden.

Bringen Sie zum Ausdruck, wie Sie sich fühlen. Halten Sie nichts zurück. Dieser Brief entspricht den ersten beiden Stadien: die Geschichte erzählen und die Gefühle fühlen.

Am nächsten Tag schreiben Sie einen weiteren Brief an dieselbe Person oder Institution, aber diesmal mehr von Herzen. Sie tun Ihr Bestes, um Mitgefühl für die andere Seite aufzubringen und zu verstehen, warum man Ihnen dies angetan hat oder noch antut.

Sie vergeben jedoch noch nicht. Vielleicht sind Sie nicht mehr so entrüstet, doch Sie sagen noch immer, dass man Ihnen etwas Schlimmes angetan hat oder antut. Dies entspricht dem dritten Stadium: die Geschichte auseinandernehmen.

Es entspricht auch der herkömmlichen Vergebung, und wenn es darum ginge, wäre dies der letzte Brief. Bei der Radikalen Vergebung haben wir das Privileg, einen weiteren Brief zu schreiben.

(Wenn Sie sich noch einmal das Diagramm über die Struktur des menschlichen Wesens anschauen, werden Sie sehen, dass sich herkömmliche Vergebung an das menschliche Ich richtet, Radikale Vergebung jedoch an das ICH BIN.)

In diesem dritten Brief schreiben Sie, wie es Ihnen gelungen ist, die ganze Angelegenheit in einem anderen Licht zu sehen, und dass Ihnen jetzt klar ist, dass das, was geschehen ist, Teil eines göttlichen Plans ist. Es musste aus einem bestimmten Grund so kommen. Dieser Grund ist Ihre spirituelle Evolution. Es ist höchstwahrscheinlich so, dass Sie mit dieser Person vereinbart haben, dass sie in Ihr Leben kommt, um Ihnen dies alles nicht *anzutun*, sondern es *für Sie zu tun*.

Das bedeutet, dass niemals etwas Falsches geschehen ist und dass es nichts zu vergeben gibt. Dieser Brief entspricht dem vierten Stadium: die Geschichte neu fassen. Dieser Brief wird die Situation umgehend transformieren, da er von Ihrer spirituellen Intelligenz als eine Art weltliches Gebet verstanden und erhört wird.

Beachten Sie, dass alle Vergebung auf dem Prinzip »So-tun-als-ob« basiert. Wahrscheinlich werden Sie bei einigen der Dinge, die Sie im zweiten Brief schreiben, über das hinausgehen, was Sie wirklich fühlen. Im dritten Brief wird es mit Sicherheit so sein. Doch das macht nichts. Tun Sie es einfach und zeigen Sie damit Ihre Absicht. Das ist alles, was Ihre spirituelle Intelligenz braucht, um zu merken, dass es sich bei Ihren Bemühungen um eine Art weltliches Gebet handelt.

Wichtiger Hinweis: *Schicken Sie keinen dieser drei Briefe an die Person/Institution/Gruppe, der Sie vergeben wollen.* Ich empfehle, alle drei Briefe zu vernichten, nachdem Sie den dritten geschrieben haben.

Der Brief aus der Täterperspektive

Als selbsternannter Täter beziehungsweise Verursacher der Verletzung einer Person oder Organisation schreiben Sie Ihren ersten Brief an sich selbst. Machen Sie sich nach Strich und Faden fertig für das, was Sie getan haben. Dreimal dürfen Sie raten, wessen Dienste Sie zum Schreiben dieses Briefs in Anspruch nehmen. Richtig. Die Ihres urteilenden Ich. Es wird sich genüsslich der Aufgabe annehmen und eine heftige Schimpfkanonade gegen Sie loslassen. Es wird alles tun, damit Sie sich so schuldig fühlen wie möglich. Sie werden das Gefühl haben, dass Sie sich selbst zum Sprachrohr Ihres urteilenden Ich machen, wenn Sie diesen Brief verfassen.

Anmerkung: *Schreiben Sie diesen Brief* nicht *an Ihr Opfer. Das können Sie später in Form eines radikalen Entschuldigungsbriefs tun, doch dies ist eine völlig andere Angelegenheit (siehe Kapitel 13).*

Im zweiten Brief schicken Sie Ihr urteilendes Ich vorläufig in den Ruhestand und lassen Ihr selbstliebendes Ich zur Sprache kommen. Es setzt einen Kontrapunkt gegen die scharfe Kritik des urteilenden Ich, indem es ein wenig Mitgefühl und Verständnis für Ihre Situation aufbringt, genug, um das Maß an Schuld und Scham zu verringern und Ihnen zu ermöglichen, sich angenommen zu fühlen.

Den dritten Brief, die Neufassung des Problems, schreiben Sie aus der Perspektive Ihres ICH BIN. Sie bringen darin zum Ausdruck, dass Sie verstanden haben, wie alles, was Sie getan haben, aus einem bestimmten Grund passieren musste. Sie haben verstanden, dass es auf der spirituellen Ebene nichts gibt, was entschuldigt werden müsste.

Susans drei Briefe an sich selbst

Erster Brief

> Susan,
> Du bist eine dumme, gemeine Person! Es ist unglaublich, was Du getan hast! Du bist voller Bosheit und Egoismus. Wenn Du Jerry so unbedingt wolltest, warum bist Du dann nicht einfach mit ihm abgehauen und hast versucht, Dich mit ihm allein durchzuschlagen? Das wäre Dir natürlich nicht genug gewesen. Du musstest auch noch das Geld haben, um Deine Verschwendungssucht zu befriedigen. Und dafür warst Du sogar bereit, über Leichen zu gehen, Deinen eigenen Ehemann umzubringen. Wie tief kann man nur sinken. Du bist der reinste Abschaum.

Für das, was Du getan hast, gibt es keine Entschuldigung. Allein der Gedanke, Deinen Mann umzubringen, zeigt, was für eine kaltherzige und grausame Bestie Du bist. Was hat er Dir denn getan, dass Du ihn umbringst? Gar nichts! Tagelang hast Du am Computer gesessen, um herauszufinden, wie Du ihn am besten umbringen kannst. Das ist kaltblütiger Mord. Du kannst Dich auch nicht damit herausreden, dass Du im Affekt gehandelt hast. Was für ein selbstsüchtiges, schreckliches, herzloses Weibsstück Du bist! Die Todesstrafe ist noch zu wenig für Dich. Du solltest genauso leiden, wie Du Dan hast leiden lassen. Man sollte Dich auch drei Wochen lang in Schmerzen mit dem Tod ringen lassen. Ich hasse Dich so sehr, dass ich es am liebsten selbst tun würde. Du hättest es weiß Gott verdient, genauso zu leiden wie Dan. Glaub mir, ich würde keinen Finger rühren, um Dir zu helfen. Du hast kein Mitleid verdient.

Du warst Dan von Anfang an untreu. Du hast mit dem Typen herumgemacht, der später Gouverneur wurde. Um Deinen Arsch zu retten, hättest Du ihn sogar fast in die Pfanne gehauen und sein ganzes Leben ruiniert.

Gib's zu, Du hättest es beinahe gemacht. Wahrscheinlich hast Du es nur nicht getan, weil Du genau weißt, dass es Deine Lage nur noch verschlimmert hätte. Und als Dir Jerry über den Weg lief, hattest Du nichts Besseres zu tun, als sofort mit ihm ins Bett zu steigen, Du Hure. An Dan hast Du dabei bestimmt nicht gedacht. Aber Dir ist das ja alles egal. Hauptsache, Du kommst auf Deine Kosten. Alle anderen sind Dir egal.

Nicht einmal an Deine Kinder hast Du gedacht, du herzlose Bestie. Deine eigenen Kinder hast Du verraten! Erst nimmst Du ihnen den Vater für immer weg, indem du ihn ermordest, und dann schiebst Du sie auch noch zu Dans Eltern ab, damit Du mit Jerry allein sein kannst, und nimmst in Kauf, dass ihr Leben für immer zerstört wird. Was bist Du nur für eine Mutter? Kein Wunder, dass sie Dich hassen. Wie könnte es auch anders sein? Du bist ein abscheuliches Ekel, Susan.

Schau Dir nur an, was Du bei Deiner Mutter und Deinem Vater angerichtet hast. Du hast ihnen das Herz gebrochen und ihr Leben zerstört. Nach allem, was sie für Dich getan haben. Sie waren gute Eltern. Sie haben Dich geliebt und Dir einen guten Start ins Leben gegeben. Und was hast Du daraus gemacht? Deinen Mann ermordet und Dich in die Todeszelle gebracht. Du hast Dein Leben und das Deiner ganzen Familie zerstört. Wie konntest Du nur glauben, dass Du damit durchkommst. Ich hoffe, dass Du dafür in der Hölle schmoren wirst.

Zweiter Brief

Liebste Susan,

was hast Du Dir nur gedacht, als Du Dir eingebildet hast, Du könntest Deine Probleme lösen, indem Du Deinen Mann umbringst? Welcher Teufel hat Dich da geritten? Ich kann mir nur vorstellen, dass Du völlig von Liebe verblendet gewesen sein musst. Du hattest wahrscheinlich komplett den Verstand verloren.

Niemand, der auch nur einen Funken Verstand besitzt, hätte tun können, was Du getan hast. Trotzdem verstehe ich Dich irgendwie, weil ich aus eigener Erfahrung weiß, dass Liebe buchstäblich blind machen kann. Sie kann völlig Besitz von Dir ergreifen, und Du machst plötzlich Dinge, die Du dir normalerweise nicht einmal träumen lassen würdest. Es ist, als wärst Du von einer fremden Macht besessen. Ich nehme an, so war es für Dich, oder?

Ich verstehe, dass Dich Deine Ehe und Deine Arbeit unsäglich gelangweilt haben. Nur so konnte es wahrscheinlich passieren, dass Dich ein sexuell attraktiver und interessanter Mann wie Jerry völlig aus der Bahn geworfen hat. Er hat alles verkörpert, was Du Dir schon immer erträumt hattest, oder? Er bot Dir Freiheit, Abenteuer, Reisen, tollen Sex und mehr. Als er Dein Herz erobert hatte, wie konntest Du da noch widerstehen? Du hattest keine Wahl. Du musstest einen Ausweg aus Deinem gegenwärtigen Leben finden, um mit ihm weglaufen zu können. Und dann hast Du angefangen, es vor Dir selbst zu rechtfertigen. Es schien die einzig logische Entscheidung zu sein, oder?

Ich weiß, dass Du Dich niemals mit Armut und materieller Unsicherheit hättest abfinden können. Und obwohl Du völlig von ihm besessen warst, wusstest Du, dass Jerry Dir wahrscheinlich reichlich davon beschert hätte. Ich sehe, dass das für Dich ein riesiges Problem gewesen sein muss.

Du mochtest teure Kleider und hast immer einen relativ aufwendigen Lebensstil gepflegt. Von daher kann ich Dich verstehen. Du hättest lernen müssen, in Armut zu leben, Susan. Und das wäre undenkbar gewesen. Geld war für Dich in jeder Hinsicht wichtig. Dabei glaube ich nicht einmal, dass Du gierig warst, wie es in den Medien immer dargestellt wird.

Aber Deinen eigenen Ehemann deswegen umzubringen, Susan. Und ohne dabei an Deine Kinder, Deine Eltern und Dans Familie und deren Gefühle zu denken …

Fünf Millionen Dollar waren weiß Gott eine Versuchung, aber … Nein, wahrscheinlich war es wirklich so, dass Du diese Dinge nie getan hättest, wenn Du auch nur einigermaßen bei Verstand gewesen wärst. Ich weiß, Du hast versucht, vor Gericht auf Unzurechnungsfähigkeit zu plädieren, aber nur, weil Du Jerry damit eins auswischen wolltest. Ich glaube, Du hättest das richtig durchziehen sollen und ein starkes, authentisches Plädoyer für Dich selbst halten sollen. Dein Anwalt hätte meiner Meinung die ganze Verteidigung darauf aufbauen können. Aber so haben die Geschworenen nur deine Rachegelüste gesehen und Dir die Unzurechnungsfähigkeit nicht abgenommen. Ich glaube, Du hättest Dich auf geistige Unzurechnungsfähigkeit berufen sollen, weil ich weiß, dass Du kein schlechter Mensch bist. Wenn Du bei Sinnen gewesen wärst, hättest Du eine so grausame Tat niemals begehen können. Du bist keine Mörderin, Susan, und schon gar keine kaltblütige, berechnende und grausame Mörderin. Ich habe es damals nicht geglaubt, und ich glaube es noch immer nicht. Ich glaube, Deine Affäre war einfach überwältigend. Sie hat Dir völlig den Kopf verdreht und dich buchstäblich verrückt gemacht, wenn auch nur für ein paar Wochen.

Eine Liebesaffäre wie die, die Du mit Jerry hattest, würde jeden verrückt machen. Sie war der Inbegriff des Wahnsinns. Wie anders wäre es zu erklären, dass ausgerechnet Du, eine warme, freundliche Person, die sonst keiner Fliege etwas zuleide tat, ihren eigenen Ehemann auf so berech-

nende Weise ermorden konnte? Und dabei war er nicht einmal unfreundlich oder grausam zu Dir gewesen, sondern einfach nur langweilig.
Trotz alledem bleibt am Ende übrig, dass Du tatsächlich Deinen Mann umgebracht hast. Das ist eine Tatsache, und dafür musst Du bestraft werden. Aber Du sollst wissen, dass ich Dich noch immer liebe und so akzeptiere, wie Du bist, Susan. Kein Mensch ist vollkommen. Und Du bist es ebenso wenig wie alle anderen, nicht mehr und nicht weniger. Du hast in Deinem Leben ein paar schlimme Fehler gemacht, und Du bezahlst einen hohen Preis dafür. Doch ich kann mich nicht über Dich erheben. Wer weiß, was ich gemacht hätte, wenn ich in Deiner Haut gesteckt hätte. Welcher Politiker kann guten Gewissens behaupten, er habe das moralische Recht zu sagen, ein von Staats wegen legitimierter Mord sei besser als Dein Mord an Dan?
Ade, liebe Susan

Dritter Brief

Liebe Susan,
ich schreibe dies aus der Perspektive des ICH BIN. Ich weiß und es gibt mir Trost, dass alles, was in Deinem Leben geschah, genau nach einem Plan abgelaufen ist und dass alle Deine Mitmenschen, die durch Dein Verhalten anscheinend geschädigt wurden, genau das erhalten haben, was sie in all diesen Situationen wollten, genau wie Du. Es war alles vollkommen.
Dein Ego und dein urteilendes Ich haben wunderbar für genau das richtige Maß an Drama gesorgt, um Dir genau

so viel Trennungsschmerz zuzufügen, wie Deine Seele für ihre Entwicklung gebraucht hat. Ich muss sagen, Du hast Dir anfangs etwas Zeit gelassen, aber am Ende hast Du durch deinen zehnjährigen Aufenthalt in der Todeszelle kräftig aufgeholt. Ein stärkerer Schmerz als dieser ist wohl kaum vorstellbar. Wenn Du dann noch den Schmerz Deines durch die Trennung von der Liebe Deines Lebens gebrochenen Herzens hinzufügst, hast Du reichlich Material für Dein spirituelles Wachstum, meine liebe Susan. Ich bewundere Deinen Mut und Deine Tapferkeit, so viel Schmerz in Deinem Leben zuzulassen und zu erdulden.

Du hattest das Privileg, dass Dir der ganze Plan kurz vor Deinem Tod eröffnet wurde, wie es bei vielen Menschen in Deiner Situation der Fall ist. Du hast erfahren, dass Dein Mord an Dan Teil einer Seelenvereinbarung war, die Du mit ihm getroffen hast, bevor Ihr geboren wurdet. Er hat mit Deiner Seele einen Vertrag geschlossen, dass er diese Inkarnation mit dem Ziel antreten würde, von Dir ermordet zu werden. Die Erfüllung dieses Vertrages macht es vielen anderen Menschen, darunter seiner Familie, möglich, ihren eigenen Trennungsschmerz zu fühlen. Dir gibt es Gelegenheit, die Erfahrung eines Gefängnisaufenthaltes mit allem, was dazugehört, zu machen.

Jerry hatte seine eigenen Gründe zu kommen, abgesehen davon, dass er Dir helfen sollte. Teil seiner Vereinbarung mit Dir war es, Dich zu verraten, während Deine Aufgabe darin bestand, ihn seiner Freiheit zu berauben.

Judas und Jesus hatten eine ähnliche Vereinbarung. Ohne Judas hätte Jesus nicht die große Mission erfüllen können, die Teil seines Schicksals auf Erden war, oder? Judas war wahrscheinlich die einzige Seele, die bereit war, den Tod

der am meisten geliebten und verehrten Person zu bewirken, welche die Welt jemals gesehen hat. Es erfordert eine große Liebe, die Rolle des Schurken zu spielen, Susan. Und Du hast sie meisterhaft gespielt.
Dir sollte bewusst sein, dass alles in göttlicher Ordnung war und ist und dass an dem, was geschehen ist, kein »Fehler« war. Dein Leben hat sich auf vollkommene Weise entfaltet. Alles, was Du getan hast, wie auch immer Du Dich verhalten hast und welche persönliche Entwicklung Du genommen hast – alles war genau so, wie es sein sollte. Nichts Falsches ist jemals geschehen, und es gibt nichts – und niemandem – zu vergeben.
Ich wünsche Dir Gottes Segen, liebe Susan.

11 SPIRITUELLE INTELLIGENZ

Im neunten Kapitel habe ich erwähnt, dass uns alle Werkzeuge der Radikalen Vergebung sowie der Radikalen Selbstvergebung und Selbstakzeptanz durch fünf Stadien führen. Dazu gehört auch das Schreiben der drei Briefe. Das ist aber noch längst nicht die ganze Geschichte. Diese Werkzeuge bewirken weitaus mehr, als uns beim Sortieren unserer Gedanken zu helfen.

Als ich zum ersten Mal ein Arbeitsblatt zur Radikalen Vergebung entwickelte, hatte ich genau dieses Ziel vor Augen: etwas zu kreieren, das mir hilft, Klarheit darüber zu gewinnen, was ich versuche zu vergeben. Ich hatte keine Ahnung, dass dies einen Teil von mir aktivieren würde, von dem ich nicht einmal wusste, dass es ihn gab: meine spirituelle Intelligenz.

Daher werden Sie in meinem ersten Buch *Ich Vergebe – Der radikale Abschied vom Opferdasein* vergeblich nach diesem Begriff suchen. Er taucht erstmals 2004 in meinem Buch *Spiritual Intelligence at Work* (»Spirituelle Intelligenz am Arbeitsplatz«) auf und ist seither ein zentraler Begriff sowohl für die Radikale Vergebung als auch für meine Themen Radikale Selbstvergebung und Radikale Manifestation.

Bereits in meinem ersten Buch habe ich festgestellt, dass das Arbeitsblatt ein Werkzeug ist, um spirituelle Energie freizusetzen und zu formen. Es war mir nämlich schon bald aufgefallen, wie es das Leben von Menschen ändern kann. Nicht nur das Leben der Menschen, welche die Werkzeuge verwendeten, veränderte sich, sondern auch die Ursachen, die zu den Problemen geführt hatten, änderten sich auf erstaunliche Weise. Schon bald wurde mir deutlich, dass die Arbeitsblätter eine ähnliche Funktion haben wie ein Gebet.

Ich arbeitete damals mit Unternehmen zusammen, die eine modifizierte Form der Radikalen Vergebung als alternativen Konfliktlösungs- und -verhütungsansatz einsetzten. Meine Absicht war, die Wirkung dieser Werkzeuge in einer Sprache zu erklären, die nicht religiös ausgerichtet war. Das Wort »spirituell« allein reicht oft schon, um viele abzustoßen, und alles, was religiös klingt, hat im Management oder in der Personalverwaltung von Unternehmen keine Chance.

Der Begriff »spirituelle Intelligenz« hingegen wird als weniger bedrohlich empfunden, weil man ihn als logische Erweiterung der gut eingeführten Begriffe mentale und emotionale Intelligenz betrachten kann. So gesehen bezeichnet er einfach eine normale geistige Funktion, genau wie die beiden anderen Formen der Intelligenz, und wird nicht mehr ausschließlich mit herkömmlichen Formen von Spiritualität oder Religion in Verbindung gebracht.

Meine Verwendung des Begriffs »spirituelle Intelligenz« ist eher zweckmäßig. Doch je mehr ich von ihm Gebrauch mache und ihn in meiner Praxis einsetze, desto mehr fällt mir auf, wie hilfreich er ist. Er bezeichnet nämlich sehr genau das Konzept der Radikalen Vergebung als eine Art weltliches, nicht religiös gebundenes Gebet.

Der Begriff »weltliches Gebet« scheint auf den ersten Blick ein Widerspruch in sich, denn die Methode der Radikalen Vergebung setzt nicht voraus, dass derjenige, der sie anwendet, an

Gott glaubt. Doch wie kann etwas, das sich nicht an einen Gott richtet, ein Gebet sein?

Zu sagen, dass der Glaube an Gott keine Voraussetzung für ein Gebet ist, bedeutet nicht, dass man nicht an eine Macht glaubt, die auf einer höheren Ebene als der eigenen Alltagsebene wirksam wird, wenn man darum bittet. Die Bitte ist in jedem Fall erforderlich, auch wenn es sich bei der höheren Macht um das handelt, was man als »Höheres Selbst« bezeichnet.

Es ist übrigens nicht erforderlich, dass man genau weiß, worum es sich bei diesem Einfluss handelt oder auf welche Weise er in unser Leben eingreift. Und ganz gewiss sollte sich niemand verpflichtet fühlen, die Vorstellungen eines anderen bezüglich dieser Themen zu übernehmen. Da spirituelle Intelligenz keine weitere Definition braucht als die jeweilige persönliche Vorstellung von ihr, kann man sie getrost als weltlich metaphysisches Konzept bezeichnen, sofern man mit dieser Sichtweise übereinstimmt.

Der Begriff »weltliches Gebet« trennt die spirituelle Intelligenz zwar von religiösen oder spirituellen Glaubenssystemen, doch Menschen, die einen bestimmten Glauben haben oder einer Religion angehören, finden oft, dass die Radikale Vergebung sehr gut zu ihrem Glauben passt. Radikale Vergebung ist in dieser Hinsicht extrem flexibel. Wenn wir von ihr Gebrauch machen, haben wir die Freiheit, unsere ganz persönliche Vorstellung von einem höheren Einfluss auf unser Leben in ihren Dienst zu stellen.

Wir müssen lediglich offen bleiben für die Möglichkeit, dass dieser Einfluss, wie auch immer wir ihn uns vorstellen, Gutes in unserem Leben bewirken kann, und zwar einfach dadurch, dass wir um seine Hilfe bitten. Dies kann natürlich in Form eines traditionellen Gebets geschehen, aber wenn wir eine solche Bitte mit den Werkzeugen der Radikalen Vergebung äußern und sie sich an eine Macht richtet, die nichts mit Gott zu tun hat, wie er von einer bestimmten Religion definiert wird, bleibt sie dennoch ein Gebet, wenn auch ein weltliches. Und die Wirkung ist die gleiche. Der einzige Unterschied ist, *wie* wir bitten.

Wenn ich sehe, wie diese Gebete beantwortet werden und welche dramatischen Ergebnisse durch den Gebrauch der Arbeitsblätter erzielt werden, scheint es mir sinnvoll anzunehmen, dass wir sehr eng mit dem Göttlichen verbunden sind, auf welche Weise auch immer. Ganz gleich, wie wir diese Verbindung wahrnehmen, der Begriff »spirituelle Intelligenz« gibt uns einen Hinweis, wie wir sie und die Kommunikation mit dem höheren Einfluss in unserem Leben aufrechterhalten können.

Als wir um der Entwicklung unserer Seele willen eine Vereinbarung eingegangen sind, gewisse vorherbestimmte Lektionen auf uns zu nehmen, haben wir uns bewusst darauf eingelassen, die Welt, aus der wir kommen, vollständig zu vergessen. Wir nennen dies »spirituellen Gedächtnisverlust« oder »spirituelle Amnesie«. Ansonsten wären wir nicht imstande, das Spiel des Lebens wie vorgesehen zu spielen.

Unsere spirituelle Intelligenz ist jedoch der Teil unserer Psyche, der nicht von der spirituellen Amnesie betroffen ist. Sie hat die Wahrheit darüber, wer wir sind, niemals vergessen und kennt den göttlichen Plan für unser Leben. Darüber hinaus steht sie in direkter Verbindung zur allumfassenden Intelligenz – ein Begriff, den ich für den höheren Einfluss auf unser Leben verwende.

Unsere spirituelle Intelligenz kooperiert mit dem Ich, indem sie bestimmte Lebensumstände herbeiführt – solche, über die bereits vor der Inkarnation entschieden wurde, und solche, auf die man sich im Laufe des Lebens aus praktischen Gründen einlässt.

Unser Ich arbeitet mit unserer spirituellen Intelligenz zusammen, um uns davon zu überzeugen, dass das Leben, wie wir es kennen, das einzig wahre ist und wir versuchen sollten, möglichst viele Aspekte davon zu beherrschen. Deshalb rät es uns zum Beispiel, möglichst viel Geld zu verdienen, erfolgreich zu sein und so viel materiellen Reichtum anzuhäufen wie irgend möglich.

Es sagt uns auch, dass die Welt ein gefährlicher Ort ist, dass man niemandem trauen kann, dass Frechheit siegt und weiterhin, dass das Leben ein Zufallsspiel ist, keinen Sinn ergibt und chaotisch abläuft. Die Hauptsache hinsichtlich unserer Lebensführung ist jedoch, dass wir immer aus Angst heraus zu handeln haben.

In spiritueller Hinsicht steckt dahinter eine Absicht, denn auf diese Weise bekommen wir unzählige Gelegenheiten, den Schmerz der Trennung zu erfahren. Die grundlegende Lektion, deretwegen wir alle hierhergekommen sind, besteht nämlich darin, etwas über das Wesen der Einheit zu lernen. Lassen Sie mich das erläutern.

Ein berühmtes Zitat von Marshall McCluhan lautet: »Die Fische werden wahrscheinlich die Letzten sein, die das Wasser entdecken.« Was er damit gemeint hat, ist Folgendes: Wenn man in einer bestimmten Umgebung völlig »eingetaucht« ist, ist man sich ihrer nicht bewusst. Die einzige Möglichkeit, sie schätzen zu lernen, besteht darin, ihr Gegenteil zu erleben. So kann man beispielsweise erst schätzen, was Dunkelheit bedeutet, wenn man einmal das Licht erlebt hat.

Um also den Zustand der Einheit mit dem Urgrund allen Seins in seiner ganzen Fülle wahrnehmen und schätzen zu können, sind wir in dieses menschliche Erleben und in diese Welt der Dualität eingetaucht. Denn hier erfahren wir das Gegenteil: Trennung. Wenn wir gemäß dessen, worauf wir uns eingelassen haben, das richtige Maß an Trennung erfahren haben, gibt uns unsere spirituelle Intelligenz das Signal aufzuwachen. Dann werden wir empfänglich für die Tatsache, dass dies die Reise unserer Seele ist und dass alles, was wir erleben, einen Sinn hat. Um die Trennung nicht nur als Idee, sondern auch als echtes Gefühl zu erfahren, brauchen wir natürlich einen Körper.

Ziel des Egos ist es, in Zusammenarbeit mit unserer spirituellen Intelligenz langsam und methodisch alle Lektionen durchzuarbeiten, die Teil unserer Seelenvereinbarung sind, und uns auf vollkommene Weise Trennung erleben lassen – in Form von Verrat, Ablehnung, Missbrauch, Gewalt, Krieg, Völkermord, Rassismus und so weiter.

Es ist aber auch Aufgabe des Egos, alles so zu arrangieren, dass wir im letzten Akt des Dramas, das wir in unserem Leben kreieren, eine Art Zusammenbruch erleben. Dieses Erlebnis des Zusammenbruchs ist das Signal für unsere spirituelle Intelligenz, uns Dinge einzuflüstern, die etwa folgendermaßen klingen:

»Ist es möglich, dass es noch mehr gibt als das, was wir sehen oder direkt verstehen können?«

»Gibt es vielleicht einen Grund dafür, dass mir das immer und immer wieder passiert?«

»Steckt hinter dem, was hier passiert, vielleicht ein tieferer Sinn?«

Gleichzeitig wird es uns an bestimmte Orte führen oder bewirken, dass wir uns von einem Buch oder einer Erfahrung angezogen fühlen, das oder die unser Erwachen in Gang setzt. Vielleicht sagt uns jemand etwas, das eine bestimmte Reaktion in uns auslöst, oder wir bekommen in einer Krise Hilfe von einem Therapeuten, der in seiner Praxis Methoden wie die Radikale Vergebung einsetzt.

Was auch immer uns bewegen mag, Ziel ist es, durch diese Phase des Aufwachens zu gehen, die viele Jahre dauern kann, sodass wir irgendwann an einen Punkt kommen, an dem wir erkennen, wer wir wirklich sind und wozu wir hier sind.

(*Anmerkung:* Meiner Überzeugung nach zeigt die Tatsache, dass Sie zu diesem Buch gegriffen und es so weit gelesen haben, dass Sie an diesem Punkt des Erwachens angekommen sind oder ihn sogar schon überschritten haben. Wenn Sie noch immer in der ersten Phase des Egos stecken würden, wäre ein

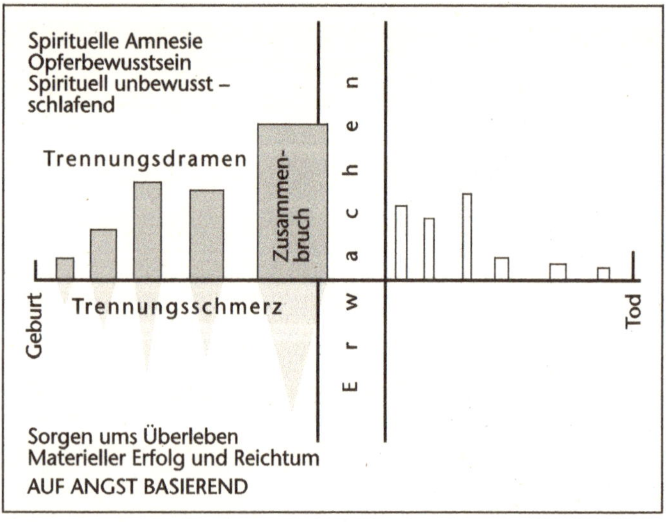

Buch wie dieses gar nicht erst in Ihr Blickfeld geraten. Oder, wenn es dennoch bei Ihnen gelandet wäre, hätten Sie es ungelesen ins Regal gestellt, bis Ihr höheres Selbst dafür gesorgt hätte, dass Sie es schließlich doch zur Hand nehmen und sich darauf einlassen.)

Wir haben häufig beobachtet, dass sich die Weltsicht eines Menschen ändert, sobald er an diesen Punkt des Erwachens kommt. Statt eines materialistisch-wissenschaftlichen Blickwinkels wählt er dann oft eine eher metaphysisch-offene Perspektive.

Auch die Prioritäten beginnen sich zu verschieben, und zwar in Richtung eines sozialen und/oder Umweltbewusstseins. Man sieht den Sinn des Lebens nun eher im Dienst an anderen und an der Welt. Man entwickelt Vertrauen und die Bereitschaft, das Leben so zu nehmen, wie es ist. Man hat eine eher emotionale Einstellung zum Leben und handelt mehr aus Liebe als aus Angst.

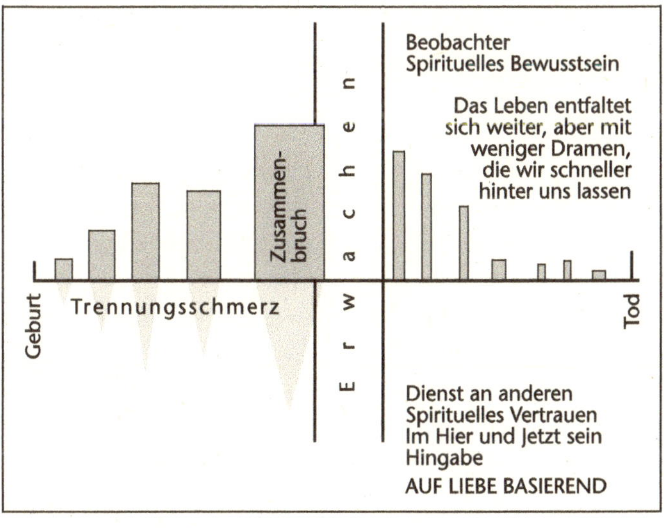

Wenn wir nun zum Beispiel Susans Zeitlinie betrachten, verstehen wir, dass das Drama ihres Zusammenbruchs in ihrem Gefängnisaufenthalt und ihrer bevorstehenden Hinrichtung bestand. Das »Satori«-Erlebnis, das ihr Erwachen auslöste, war die Erscheinung jener Lichtgestalt in ihrer Zelle. (*Satori* ist das japanische Wort für Erleuchtung.) Aufgrund ihres bevorstehenden Todes blieb ihr nicht viel Zeit für ihr spirituelles Erwachen. Das ist nicht immer so.

Da Susan unmittelbar nach ihrem Erwachen starb, gibt es auf ihrer Zeitlinie keine abschließende Periode wie in dem Diagramm auf S. 195. Sie endet direkt am Punkt des Erwachens. Viele Menschen erwachen übrigens erst auf ihrem Sterbebett, wenige Augenblicke vor ihrem Tod. In diesem Diagramm sehen wir jedoch, dass das Leben nach dem Erwachen weitergeht und dass uns weiterhin »Sachen« passieren wie gewöhnlich. Der Unterschied ist, dass wir nach dem Erwachen nicht mehr so viele Dramen inszenieren. Und wenn es doch einmal zu einem Drama kommt, gehen wir schnell hindurch und zeigen nur eine kurze emotionale Reaktion darauf. Der Friede kehrt viel schneller wieder ein als früher, und das Leben wird leichter.

Sobald wir die Stufe des Erwachens erreicht haben, sind die Dramen, die wir in der ersten Hälfte unseres Lebens erzeugt haben, um den Schmerz der Trennung zu fühlen, erledigt. Das schließt all die Situationen ein, in denen wir als Täter gehandelt haben, aber auch diejenigen, in denen wir Opfer waren. Radikale Vergebung und Radikale Selbstvergebung sind die Methoden, mit deren Hilfe man diese Phase abschließen kann. Radikale Selbstakzeptanz ist ein geeignetes Mittel für alle, bei denen der Trennungsschmerz verinnerlicht war, etwa in Form von Selbsthass, hervorgerufen durch negative Kernüberzeugungen über sich selbst.

Die beiden Arbeitsblätter mit den Kernelementen der Radikalen Selbstvergebung und Selbstakzeptanz folgen in den nächsten drei Kapiteln. Lernen Sie, diese für sich zu nutzen.

12 DAS ARBEITSBLATT ZUR RADIKALEN SELBSTVERGEBUNG

Dieses in sich abgeschlossene Kapitel enthält Anleitungen für das Ausfüllen des Arbeitsblatts zur Radikalen Selbstvergebung (im Anschluss an dieses Kapitel), d.h. auch ohne das ganze Buch gelesen zu haben, können Sie mithilfe dieser Anleitungen das Arbeitsblatt benutzen. Sie brauchen das Arbeitsblatt nicht unbedingt, sondern können einfach in Ihrem Tagebuch oder auf einem Blatt Papier Ihre Antworten auf die folgenden Fragen aufschreiben.

Das Arbeitsblatt ist ein ausgezeichnetes Werkzeug, das Sie immer wieder verwenden können. Die ausführliche Einleitung in diesem Kapitel dient dazu, dass Sie bereits mit den Fragen vertraut sind, wenn Sie das Blatt zum ersten Mal ausfüllen.

Das Arbeitsblatt zur Radikalen Selbstvergebung hilft Ihnen, Schuld und Selbstverurteilung zu überwinden, wenn Sie getan haben, was Sie nicht hätten tun sollen, oder versäumt haben, was Sie hätten tun sollen.

(*Anmerkung:* Es mag Ihnen zwar etwas merkwürdig vorkommen, aber ich empfehle Ihnen, alles laut auszusprechen. Der Prozess gewinnt dadurch erheblich an Wirkung. Also, sprechen Sie alles, was das Arbeitsblatt Ihnen vorgibt, und alles, was Sie aufschreiben, laut aus. In unserem Hals-Chakra ist häufig sehr viel Energie gestaut. Das Aussprechen hilft, diese Energie in Bewegung zu bringen. Das gilt natürlich auch, wenn Sie Ihre Notizen in ein Tagebuch machen.)

1. Was ich getan oder versäumt habe, ist Folgendes … (Wofür ich mich selbst beschuldige)

Der erste Schritt in jedem radikalen Vergebungsprozess ist das Erzählen der Geschichte. In diesem Fall geht es darum, wofür Sie sich selbst vergeben wollen. Achten Sie darauf, möglichst nichts auszulassen, wenn Sie beschreiben, was Sie getan haben. Versuchen Sie, nichts zu entschuldigen, und vermeiden Sie es unbedingt, Ihr Tun durch spirituelle oder psychologische Deutungen zu überlagern. Seien Sie so schonungslos offen und ehrlich wie möglich. Halten Sie nichts zurück. Schreiben Sie, so viel Sie wollen. Wenn der auf dem Arbeitsblatt vorgesehene Platz nicht reicht, schreiben Sie einfach auf einem Extrablatt weiter.

2. Was mein urteilendes Ich über mich sagt

Schlüpfen Sie jetzt für einen Moment in die Rolle Ihres kritischen, urteilenden Ich. Identifizieren Sie sich vollständig mit Ihrem inneren Kritiker, und schreiben Sie alles auf, was Sie über sich zu sagen haben. Lassen Sie sich nichts durchgehen. Seien Sie so unverschämt, rachsüchtig und nachtragend, wie Sie sein wollen. Halten Sie sich nicht zurück und legen Sie sich in Ihrem Urteil über sich selbst und in Ihren Gefühlen sich selbst gegenüber keine Beschränkungen auf. Bringen Sie alle Gefühle zum Ausdruck, die in Ihnen aufsteigen.

3. In Bezug auf die Situation oder im Allgemeinen fühle ich mich …

(Kreuzen Sie so viele Möglichkeiten an, wie Sie möchten.)

Wenn ich an mich selbst denke, habe ich folgende Gefühle: ablehnend, herablassend, wütend, distanziert, sarkastisch, frustriert, kritisch, irritiert, skeptisch, beschämt, schwach, traurig, verletzt, feindselig, wütend, hasserfüllt, eifersüchtig, rachsüchtig, aufbrausend, teilnahmslos, isoliert, minderwertig, dumm, reuevoll, deprimiert, schuldig, selbstmörderisch.

Wenn ich mir mein Leben anschaue, habe ich folgende Gefühle: teilnahmslos, isoliert, minderwertig, dumm, reuevoll, müde, gelangweilt, einsam, deprimiert, beschämt, schuldig, selbstmörderisch.

Allgemein fühle ich mich: verwirrt, entmutigt, unbedeutend, unpassend, hoffnungslos, peinlich, überwältigt, orientierungslos, hilflos, unterwürfig, unsicher, ängstlich.

Bringen Sie die folgenden drei Emotionen in eine Reihenfolge von 1 bis 3. (Wobei die in Ihnen gegenwärtig am meisten vorherrschende Emotion die 1 bekommt, die am wenigsten vorherrschende die 3.)

☐ Schuld ☐ Ärger ☐ Angst

Ordnen Sie nun jedem Gefühl eine Zahl von 1 bis 10 zu, wobei 1 für die sehr schwache und 10 für die voll ausgeprägte, schmerzhafte Emotion steht.

☐ Schuld ☐ Ärger ☐ Angst

Es ist sehr wichtig, dass Sie sich erlauben, diese Gefühle zu fühlen. Zensieren Sie sie nicht und unterdrücken Sie sie nicht. Vergessen Sie nicht, dass wir in diese Welt geboren wurden, um Emotionen zu spüren. Sie sind das Wesentliche an der menschlichen Existenz. Alle Emotionen sind gut, außer wenn wir sie unterdrücken. Das Unterdrücken von Emotionen erzeugt potenziell schädliche Blockaden im Körper, die sich oft zu krebsartigen Tumoren entwickeln.

Selbstachtung: Auf einer Skala von 1 bis 10 (wobei 1 extrem niedrig und 10 extrem hoch bedeutet) liegt meine Selbstachtung bei ______.

4. Ich erkenne meine Gefühle liebevoll an, akzeptiere sie und höre auf, sie zu beurteilen.

Bereit	Offen	Skeptisch	Nicht bereit

Dieser wichtige Schritt gibt uns Gelegenheit, uns ein wenig von der Überzeugung zu lösen, dass Gefühle wie Ärger, Scham, Schuld, Angst, Eifersucht, Neid oder Trauer schlecht sind. Ganz gleich, welche Form Ihre Emotionen annehmen, Sie sollten sie genau so spüren, wie sie in Ihnen aufsteigen, denn sie sind ein Ausdruck Ihres wahren Selbst. Ihre Seele hat das Bedürfnis, sie in ihrer ganzen Tiefe zu fühlen. Sie wissen, dass Ihre Gefühle vollkommen sind, und können jetzt aufhören, sich ihretwegen selbst zu verurteilen.

5. Ich mache mir meine Gefühle zu eigen. Emotionen (oder Überzeugungen) sind mit einem Gefühl verbundene Gedanken. Sie reflektieren, wie ich mich in Bezug auf diese Situation sehe.

Bereit	Offen	Skeptisch	Nicht bereit

Unsere Emotionen sind etwas sehr Persönliches. Sie geben uns Aufschluss über unsere Kernüberzeugungen.

Wenn wir uns gestatten, unsere Gefühle zu fühlen, zu respektieren, zu akzeptieren und bedingungslos zu lieben, weil sie von den Teilen unseres Ichs kommen, die gehört werden wollen, hilft uns das, diesen Emotionen gegenüber gnädiger und liebevoller zu werden, selbst wenn wir nicht wissen, woher sie kommen. Es kann der innere Kritiker sein, der Feigling, der Professor, die Mutter, der Vater oder irgendeine der vielen Subpersönlichkeiten, die in uns lebendig sind.

6. Ich fühle mich schuldig

Auf einer Skala von 1 bis 10 (wobei 1 für sehr wenig und 10 für sehr stark steht) liegt mein Schuldgefühl bei etwa ______.

Ungeachtet der Vorstellung, dass alles in göttlicher Ordnung ist, müssen wir respektieren und akzeptieren, dass wir infolge unserer Entscheidung, als Mensch auf die Erde zu kommen, die Gelegenheit erhalten, neben all den anderen Emotionen auch *Schuld* zu erfahren. Es ist alles Teil des göttlichen Plans.

Es ist ebenso Teil des Plans, dass wir lernen, uns unserer Gefühle bewusst zu werden und mit ihnen verbunden zu sein. Wenn wir so weit sind, können wir lernen, die feinen Unterschiede zwischen ihnen wahrzunehmen. Bei der Schuld sollten wir zum Beispiel den Unterschied zwischen berechtigter und unberechtigter Schuld erkennen können. Mit anderen Worten: den Unterschied zwischen angemessener und unangemessener Schuld. Die Fähigkeit, diesen Unterschied zu machen, kann uns viel Verwirrung und Schmerz ersparen, denn der überwiegende Teil der Schuld ist unangemessen.

Meine Schuldgefühle aufgrund dessen, was passiert ist, sind:

a) angemessen b) unangemessen c) gemischt.

(Bitte erklären Sie, wie Sie dies im Hinblick auf Ihre jeweilige Situation sehen.)

> ***Angemessene Schuld***
>
> Wenn wir ethische und moralische Grenzen überschreiten, Gesetze brechen oder Dinge tun, die allgemein als falsch gelten, steht es uns zu, uns deswegen schuldig zu fühlen. Dies ist angemessen.
>
> ***Unangemessene Schuld***
>
> Unsere Schuldgefühle sind unangemessen, wenn wir uns für etwas verantwortlich machen, was wir nicht bewusst entschieden haben, worüber wir keine Kontrolle hatten und wofür man uns demnach auch nicht verantwortlich machen kann.

7. Auch wenn ich nicht weiß, wie oder warum, sehe ich jetzt, dass meine Seele diese Situation herbeigeführt hat, damit ich lernen und wachsen kann.

Bereit	Offen	Skep- tisch	Nicht bereit

Dies ist wahrscheinlich die wichtigste Aussage auf diesem Arbeitsblatt. Sie bekräftigt die Vorstellung, dass unsere Gedanken, Gefühle und Überzeugungen großen Einfluss auf den Verlauf unseres Lebens haben und dass wir unsere Realität auf eine Weise kreieren, die unser spirituelles Wachstum optimal unterstützt. Wenn wir uns für diese Wahrheit öffnen, verschwindet unser Problem fast immer wie von selbst. Das liegt daran, dass es im Grunde keine Probleme gibt, sondern nur falsche Wahrnehmungen.

Dieser Schritt gewinnt seine Bedeutung dadurch, dass er uns helfen kann, mit unseren Gefühlen einen Ausweg aus dem Land der Opfer und Täter zu finden. Wir erkennen, dass alles, was jemals geschehen ist und noch immer geschieht, einen Sinn hat. Wir erkennen, dass das Göttliche in uns, der wissende Teil unseres Ich, unsere Seele – wie auch immer wir es nennen – die Situation für uns so eingerichtet hat, dass wir lernen, wachsen und unsere falschen Wahrnehmungen und Überzeugungen heilen können.

Dieser Schritt führt dazu, dass wir die Verantwortung für unser Leben übernehmen können. Sobald wir erkennen, dass wir die Situation selbst herbeigeführt haben, haben wir auch die Macht, sie zu ändern. Wir haben die Wahl. Wir können uns weiterhin als die Übeltäter in der Situation sehen, oder wir sehen, dass wir uns (und allen Beteiligten) eine Gelegenheit zum Lernen und Wachsen gegeben haben. Wir können uns dafür entscheiden, dass unser

Leben so ist, wie wir es wollen und brauchen. Außerdem sind wir aufgefordert, die Möglichkeit zu akzeptieren, dass die Situation einen Sinn hat, und unser Bedürfnis aufzugeben, wissen zu wollen, worin dieser Sinn besteht.

Das ist der Punkt, an dem viele kopflastige Personen große Schwierigkeiten haben. Bevor sie irgendetwas glauben, wollen sie Beweise sehen. Um akzeptieren zu können, dass eine bestimmte Situation eine Gelegenheit zum Heilwerden ist, wollen sie wissen *warum*.

Doch dies ist eine Sackgasse, denn die Frage nach dem Warum führt uns hier nicht weit. Es ist, als würde man Einblick in die Gedanken der kosmischen Intelligenz fordern. Auf der gegenwärtigen Stufe unserer spirituellen Entwicklung sind wir davon jedoch noch weit entfernt. Daher sollten wir unsere Frage nach dem Warum (ohnehin eine Frage aus der Opferperspektive) lieber aufgeben und uns damit abfinden, dass Gott keine Fehler macht und daher alles in göttlicher Ordnung ist.

8. Ich bin bereit zu sehen, dass es Teil meiner Lebensaufgabe oder Seelenvereinbarung war, zu tun, was ich getan habe – aus welchem Grund auch immer.

Bereit	Offen	Skeptisch	Nicht bereit

Eine Seelenvereinbarung ist ein Vertrag, den wir vor unserem Eintritt in die menschliche Erfahrung mit anderen Seelen abschließen, um bestimmte, vorher geplante Missionen – den Ausgleich karmischer Energien, die Heilung einer kollektiven Wunde, die Förderung des Bewusstseins für ein bestimmtes Problem – zu erfüllen. Wer von uns weiß schon, worin seine Lebensaufgabe wirklich besteht? Wir müssen lediglich für die Möglichkeit offen sein, dass die mit Schuldgefühlen behaftete Situation möglicherweise Teil einer Seelenvereinbarung war und dass es sich bei den anderen, falls andere daran beteiligt waren, möglicherweise um jene Seelen handelt, mit denen diese Vereinbarung eingegangen wurde.

9. Ich erkenne jetzt, dass nichts von dem, was ich oder andere tun, richtig oder falsch ist. Ich lasse alle Urteile fallen.

Bereit	Offen	Skep- tisch	Nicht bereit

Dieser Schritt widerspricht so ziemlich allem, was man uns jemals über den Unterschied zwischen Richtig und Falsch, Gut und Böse gelehrt hat. Schließlich wird die ganze Welt zwischen diesen Extremen aufgeteilt. Auch wenn viele zu Recht sagen, die Welt des Menschlichen sei eine Illusion, ändert das nichts an der Tatsache, dass es zur menschlichen Existenz gehört, Tag für Tag Entscheidungen über das eigene Verhalten zu treffen.

Was uns bei diesem Schritt hilft, ist, wenn wir versuchen, die Dinge aus einer übergeordneten Perspektive zu sehen – der Perspektive der Welt des Göttlichen. Aus dieser Perspektive können wir über die Welt unserer Sinne und Gedanken hinausgehen und in allem die spirituelle Absicht und Bedeutung erkennen.

Sobald wir das erkannt haben, verstehen wir, dass es kein Falsch und Richtig, kein Gut und Böse gibt. Es *ist* einfach. Es gibt in Wahrheit keine Opfer und keine Täter. Im Dienst der spirituellen Evolution sind wir alle Engel, die einander heilen.

Dieser Schritt wird im Prozess der Radikalen Selbstvergebung anders wahrgenommen als bei der Vergebung für andere. Es scheint leichter, sich vorzustellen, dass es Teil eines göttlichen Plans ist, wenn man selbst zum Opfer wird, als zu akzeptieren, dass dies auch der Fall ist, wenn man jemand anderen verletzt.

Bei der Radikalen Selbstvergebung richten wir unser Augenmerk mehr auf Letzteres, denn wo es keine Opfer gibt, gibt es auch keine Täter.

10. Ich lasse das Bedürfnis los, mich selbst zu beschuldigen und im Recht zu sein, und ich bin bereit, die Vollkommenheit in der Situation zu sehen.

Bereit	Offen	Skep- tisch	Nicht bereit

Dieser Schritt konfrontiert Sie mit der Vollkommenheit in der Situation und prüft Ihre Bereitschaft, diese Vollkommenheit zu sehen.

Es wird zwar niemals leicht sein, die Vollkommenheit oder das Gute in etwas Schlechtem zu sehen, das wir getan haben, aber wir können *bereit* sein, das Urteil über uns selbst ebenso fallen zu lassen wie das Bedürfnis, im Recht zu sein.

Es ist zugegebenermaßen nicht leicht anzuerkennen, dass zum Beispiel in Missbrauchssituationen sowohl der Missbraucher als auch der Missbrauchte die Situation kreiert hat, sodass beide auf der Seelenebene eine Lektion lernen können, und dass ihre Mission möglicherweise in der Transformation der Situation im Namen aller Missbrauchsopfer besteht. Dennoch können wir *bereit* sein, diesen Gedanken zuzulassen.

Je mehr wir an einer Situation beteiligt sind, desto schwieriger ist es, die Vollkommenheit zu sehen. Doch die Vollkommenheit zu sehen heißt noch nicht, dass man sie auch versteht. Wir können nicht wissen, warum die Dinge so geschehen, wie sie geschehen. Wir können nur darauf vertrauen, dass sie vollkommen und zum Wohle aller sind.

11. Auch wenn ich nicht weiß, warum oder wie, erkenne ich nun, dass ich genau das bekommen habe, was ich unbewusst wollte. (Falls andere beteiligt sind: Alle Beteiligten haben einen heilenden Tanz mit- und füreinander getanzt.)

Bereit	Offen	Skep- tisch	Nicht bereit

Diese Aussage erinnert uns wieder einmal daran, dass wir uns unserer unbewussten Überzeugungen bewusst werden können, indem wir darauf achten, was in unserem Leben passiert. Was wir zu einem gegebenen Zeitpunkt in unserem Leben vorfinden, ist nämlich genau das, was wir gewollt haben. Wir haben uns auf der Seelenebene unsere Lebenssituationen und Erfahrungen ausgesucht. Dies gilt für alle an dem Drama beteiligten Personen. Es gibt keine Übeltäter und keine Opfer, nur Spieler. Jede Person bekommt in der Situation genau das, was sie braucht. Jeder nimmt teil an einem heilenden Tanz.

12. Ich ehre mich selbst dafür, dass ich bereit bin, eine Rolle bei der Heilung einer anderen Person zu spielen, und ich danke der Person, dass sie bereit ist, eine Rolle bei meiner Heilung zu spielen.

Bereit	Offen	Skep- tisch	Nicht bereit

13. Ich entlasse alle Urteile aus meinem Bewusstsein (wie unter 3.).

Bereit	Offen	Skep- tisch	Nicht bereit

An diesem Punkt geben Sie alle Gefühle, die Sie in Feld 3 aufgeschrieben haben, auf.

Das Aufgeben von Emotionen und der damit zusammenhängenden Gedanken spielt eine wichtige Rolle im Vergebungsprozess. Solange diese Gedanken aktiv bleiben, geben wir den alten Kernüberzeugungen, welche die Realität erzeugt haben, die wir zu transformieren versuchen, weiterhin Energie. Die Bestätigung, dass wir sowohl das Gefühl als auch die mit ihm verbundenen Gedanken loslassen, setzt den Heilungsprozess in Gang.

Die mit der Situation zusammenhängenden Emotionen können immer wieder auftauchen, und auch das können Sie in den Heilungsprozess einbeziehen. Seien Sie einfach bereit, sie zu fühlen und anschließend wieder loszulassen. Die bewusste Wahrnehmung dieser Gefühle ermöglicht es Ihnen, die falsche Wahrnehmung zu durchschauen. So gewinnen Sie die Möglichkeit, die Situation in einem anderen Licht zu sehen.

14. Ich ehre meine Bereitschaft, meine falschen Wahrnehmungen zu sehen und mir die Gelegenheit zu geben, Radikale Selbstvergebung zu praktizieren.

Dies ist eine weitere Gelegenheit, Dankbarkeit und Anerkennung für sich selbst zu empfinden, weil Sie bereit sind, in diesem Prozess zu wachsen und heil zu werden.

15. Die Neufassung: Ich erkenne jetzt, dass das, was ich erlebt habe (meine Täter-Opfer-Geschichte), eine genaue Widerspiegelung meiner menschlichen Wahrnehmung der Situation war. Jetzt verstehe ich, dass ich diese »Realität« ändern kann, indem ich bereit bin, die spirituelle Vollkommenheit in der Situation zu sehen.

(Versuchen Sie die Geschichte neu zu fassen.)

Hier kann einfach eine allgemeine Aussage gemacht werden, in der Sie zu verstehen geben, dass Sie die Vollkommenheit in allem sehen. Oder Sie gehen auf die Situation ein und zeigen auf, worin für Sie das Geschenk besteht. (*Anmerkung:* Es ist möglich, dass Sie dies nicht können.)

Wenn Sie keine neue Deutung Ihrer spezifischen Situation finden, ist das kein Problem. Die Neufassung durch Radikale Vergebung kann auch in allgemeinen Worten ausgedrückt werden wie:

»In dem, was geschehen ist, hat sich ein göttlicher Plan entfaltet, angeregt durch mein höheres Selbst und das höhere Selbst aller Beteiligten. Die Situation ist ein heilender Tanz, der meinem und unserem spirituellen Wachstum dient. In Wirklichkeit ist nie etwas Falsches passiert.« Ein paar Sätze wie diese wären völlig ausreichend. Wenn Sie jedoch bereits sehen können, wie sich alles in vollkommener Weise entfaltet, umso besser.

Nicht angebracht sind an dieser Stelle sämtliche Interpretationen, die auf Prämissen aus der Welt des Menschlichen basieren, wie etwa Begründungen, warum es passiert ist, oder Entschuldigungen. Dabei besteht nämlich die Gefahr, dass ein Missverständnis durch ein anderes ersetzt wird, oder sogar, dass das Ganze in Pseudovergebung abgleitet.

Eine neue Interpretation Ihrer Situation sollte es Ihnen möglich machen, die Vollkommenheit von einem spirituellen Standpunkt aus zu fühlen und dieses Geschenk anzunehmen. Ihre Neufassung bietet eine Möglichkeit, Ihre Situation in einem neuen Licht zu sehen, das zeigt, wie die göttliche Intelligenz für Sie arbeitet und zeigt, wie sehr Sie geliebt werden.

Meine Neufassung lautet:

Anmerkung: Sie müssen möglicherweise viele Arbeitsblätter zum selben Thema ausfüllen, um die Vollkommenheit wirklich zu spüren. Seien Sie absolut ehrlich mit sich selbst und gehen Sie immer von Ihren Gefühlen aus. Es gibt hier keine richtigen Antworten, keine Ziele, keine Bewertungen und keine Endprodukte. Der Wert liegt darin, es zu tun. Lassen Sie zu, dass alles, was auf Sie zukommt, vollkommen ist, und widerstehen Sie dem Impuls, das, was Sie aufschreiben, zu bewerten.

16. Ich vergebe mir ______________ (Ihr Name)

vollständig und nehme mich selbst als liebende, großzügige und kreative Person an. Ich lasse alle negativen Emotionen, Ideen oder Selbstbeurteilungen los. Ich ziehe meine Energie aus der Vergangenheit ab und lasse mich vollständig auf die Liebe und die Fülle ein, von der ich weiß, dass ich sie in diesem Moment habe. Ich bestimme meine Gedanken, meine Gefühle und mein Leben und bin fähig, wieder ganz ich selbst zu sein, mich selbst bedingungslos zu lieben und zu unterstützen, ganz so, wie ich bin, mit all meinen großartigen und wundervollen Fähigkeiten.

Diese Affirmation spielt eine sehr große Rolle. Sprechen Sie sie laut aus und fühlen Sie sie. Lassen Sie die Worte in sich nachklingen.

Wenn Sie einen Widerstand gegen die Wahrheit dieser Aussage in sich verspüren, seien Sie bereit, diesen Widerstand zu überwinden. Sie können sicher sein, dass Sie mit innerem Frieden und angenehmen Gefühlen dafür belohnt werden. Seien Sie auch bereit, alle Gefühle des Schmerzes, der Depression, des Chaos und der Verwirrung zu fühlen, die eventuell während des Prozesses auftauchen.

17. Ich gebe mich nun ganz der höheren Macht hin, die ich als ______________ sehe,

und vertraue dem Wissen, dass diese Situation sich weiterhin in Vollkommenheit und im Einklang mit der göttlichen Führung und den spirituellen Gesetzmäßigkeiten entfalten wird. Ich erkenne meine Einheit und fühle mich vollkommen mit der Quelle meines Seins verbunden. Meine wahre Natur, die Liebe, ist wiederhergestellt. Ich schließe meine Augen, um die Liebe zu fühlen, die in meinem Leben fließt, und die Freude, die aufkommt, wenn ich die Liebe fühle und ausdrücke.

Dies ist der abschließende Schritt im Prozess der Radikalen Selbstvergebung. Diesen Schritt gehen jedoch nicht Sie selbst. Sie bekräftigen nur, dass Sie dafür bereit sind, und überlassen den Rest des Prozesses einer höheren Macht. Bitten Sie darum, dass die Heilung durch die göttliche Gnade vollendet wird, dass Ihr wahres Wesen, die Liebe, wiederhergestellt wird und dass Sie erneut mit Ihrer Quelle, die ebenfalls Liebe ist, verbunden werden.

Die abschließenden Schritte geben Ihnen die Möglichkeit, alle Worte, Gedanken und Begriffe fallen zu lassen und die Liebe wirklich zu *fühlen*. Am Ende gibt es nichts außer Liebe. Wenn es Ihnen gelingt, mit der Liebe in Kontakt zu kommen, brauchen Sie nichts weiter. Sie sind frei. Nehmen Sie sich ein paar Minuten Zeit, um über diese Aussage zu meditieren, und öffnen Sie sich dafür, die Liebe zu fühlen. Möglicherweise müssen Sie diese Übung mehrmals machen, bevor Sie etwas fühlen. Doch eines Tages, wenn Sie es am wenigsten erwarten, werden Sie von Liebe und Freude erfüllt sein.

18. Eine Notiz für eine Person, die ich auf irgendeine Weise verletzt oder negativ berührt habe

»Nun, da ich dieses Arbeitsblatt ausgefüllt habe, erkenne ich, dass das, was geschehen ist, einer göttlichen Ordnung gefolgt ist. Aus der Perspektive des Daseins in dieser physischen Welt von Schmerzen und Leiden entscheide ich mich dennoch, eine Radikale Entschuldigung auszusprechen, um Wiedergutmachung zu leisten und um Deine Vergebung zu bitten.« Meine Radikale Entschuldigung lautet: ______________________________

(In Kapitel 13 finden Sie eine Definition der Radikalen Entschuldigung, und im Anhang des Buchs befindet sich ein Arbeitsblatt zur Radikalen Entschuldigung.)

19. Eine Notiz an mich selbst

Als Sie begonnen haben, das Arbeitsblatt zur Radikalen Selbstvergebung auszufüllen, haben Sie sich selbst für etwas beschuldigt oder sich eines Teils von sich geschämt. Mittlerweile hat sich Ihre Energie wahrscheinlich gewandelt.

Wie fühlen Sie sich jetzt, wenn Sie an die Situation denken? Was würden Sie sich selbst jetzt gern sagen? Schreiben Sie einfach drauflos, ohne bewusst darüber nachzudenken. Lassen Sie sich von Ihren eigenen Worten überraschen.

Vielleicht gelingt es Ihnen, die Wahrnehmung von sich selbst als unvollkommen abzulegen, während Sie sich selbst bedingungslos anerkennen, annehmen und so lieben, wie Sie sind. Vielleicht können Sie akzeptieren, dass Ihre Seele Sie so gewollt hat, wie Sie in der Welt erscheinen. Sie hatten keine andere Möglichkeit.

Nachdem Sie die Notiz an sich selbst geschrieben haben, sprechen Sie Folgendes laut aus:

> ***»Ich vergebe mir* ________________ *(Ihr Name)***
> vollständig, da ich jetzt erkenne, dass ich nichts falsch gemacht habe und alles in göttlicher Ordnung ist. Ich erkenne mich bedingungslos an, so wie ich bin, und akzeptiere und liebe mich.«

Denken Sie daran, dass alle Vergebung als etwas Unwahres beginnt. Sie beginnen den Prozess ohne Vergebung im Herzen, und tun als ob, bis sie schließlich da ist. Schenken Sie sich Anerkennung dafür, dass Sie es tun, und seien Sie geduldig mit sich selbst. Lassen Sie den Vergebungsprozess so lange dauern wie nötig. Seien Sie zartfühlend mit sich selbst. Erkennen Sie an, dass es Mut gebraucht hat, dieses Arbeitsblatt in Angriff zu nehmen, denn in diesem Prozess stellen Sie sich wirklich Ihren Dämonen. Sich damit auseinanderzusetzen erfordert sehr viel Mut, Bereitschaft und Vertrauen.

Wenn Sie die Mitteilung an sich selbst geschrieben haben, lesen Sie Folgendes laut vor:

> ***»Ich erkenne, dass ich _______________ (Name)***
> ein spirituelles Wesen bin, das eine menschliche Erfahrung macht, und ich liebe und unterstütze mich in jedem Aspekt meiner Menschlichkeit.«

Einschätzung der Selbstachtung

Auf einer Skala von 1 bis 10 (wobei 1 extrem niedrig und 10 extrem hoch bedeutet) liegt meine Selbstachtung bei _____.

Einschätzung der Gefühle

Wie ordnen Sie die folgenden Gefühle auf einer Skala von 1 bis 10 jetzt ein? Wieder steht 1 für eine sehr schwache und 10 für eine sehr starke, heftige Emotion.

☐ Schuld ☐ Ärger ☐ Angst

Arbeitsblatt zur Selbstvergebung

Wenn der auf dem Arbeitsblatt vorgesehene Platz nicht ausreichen sollte, dann schreiben Sie einfach auf ein Extrablatt. Dieses Arbeitsblatt gibt es im A4-Format zum kostenlosen Herunterladen: www.tipping-methode.de (Downloads).

Falls möglich sprechen Sie die Texte und Ihre Einträge laut aus.

1. Was ich getan oder versäumt habe ist Folgendes ...
   (Wofür ich mich selbst beschuldige)

2. Was mein urteilendes Ich über mich sagt:

3. Kreuzen Sie so viele Möglichkeiten an, wie Sie möchten.

   Wenn ich an mich selbst denke, habe ich folgende Gefühle:

☐ ablehnend	☐ herablassend	☐ wütend
☐ sarkastisch	☐ frustriert	☐ kritisch
☐ irritiert	☐ skeptisch	☐ beschämt
☐ schwach	☐ traurig	☐ verletzt
☐ feindselig	☐ wütend	☐ hasserfüllt
☐ eifersüchtig	☐ rachsüchtig	☐ aufbrausend
☐ teilnahmslos	☐ isoliert	☐ minderwertig
☐ dumm	☐ reuevoll	☐ deprimiert
☐ schuldig	☐ selbstmörderisch	☐ ....

Wenn ich mir mein Leben anschaue, habe ich folgende Gefühle ...

- ☐ teilnahmslos
- ☐ isoliert
- ☐ minderwertig
- ☐ dumm
- ☐ reuevoll
- ☐ müde
- ☐ gelangweilt
- ☐ einsam
- ☐ deprimiert
- ☐ beschämt
- ☐ schuldig
- ☐ ....
- ☐ selbstmörderisch

Allgemein fühle ich mich ...

- ☐ verwirrt
- ☐ entmutigt
- ☐ unbedeutend
- ☐ unpassend
- ☐ hoffnungslos
- ☐ peinlich
- ☐ überwältigt
- ☐ orientierungslos
- ☐ hilflos
- ☐ unterwürfig
- ☐ unsicher
- ☐ ängstlich
- ☐ ....

Bringen Sie die folgenden drei Emotionen in eine Reihenfolge von 1 bis 3, wobei 1 die in Ihnen gegenwärtig am meisten vorherrschende Emotion bedeutet:

SCHULD:	ÄRGER:	ANGST:

Ordnen Sie nun jedem Gefühl eine Zahl von 1 bis 10 zu, wobei 1 die sehr schwache und 10 die voll ausgeprägte, schmerzhafte Emotion bedeutet.

Selbstachtung
Auf einer Skala von 1 bis 10 (wobei 1 extrem niedrig und 10 extrem hoch bedeutet) ist mein Selbstwertgefühl: ....

4. Ich erkenne meine Gefühle liebevoll an, akzeptiere sie und höre auf, sie zu beurteilen.

Bereit	Offen	Skeptisch	Nicht bereit

5. Ich mache mir meine Gefühle zu eigen. Sie reflektieren, wie ich mich in Bezug auf diese Situation sehe.

Bereit	Offen	Skep-tisch	Nicht bereit

6. Ich fühle mich schuldig. Auf einer Skala von 1 bis 10 (wobei 1 sehr wenig und 10 sehr stark bedeutet) liegt mein Schuldgefühl bei etwa: _____. Meine Schuldgefühle aufgrund dessen, was passiert ist, sind:

☐ angemessen ☐ unangemessen ☐ gemischt

7. Auch wenn ich nicht weiß, wie oder warum, sehe ich jetzt, dass meine Seele diese Situation herbeigeführt hat, damit ich lernen und wachsen kann.

Bereit	Offen	Skep-tisch	Nicht bereit

8. Ich bin bereit zu sehen, dass es Teil meiner Lebensaufgabe oder Seelenvereinbarung war, zu tun, was ich getan habe – aus welchem Grund auch immer.

Bereit	Offen	Skep-tisch	Nicht bereit

9. Ich erkenne jetzt, dass nichts von dem, was ich oder andere tun, richtig oder falsch ist. Ich lasse alle Urteile fallen.

Bereit	Offen	Skep-tisch	Nicht bereit

10. Ich lasse das Bedürfnis los, mich selbst zu beschuldigen und im Recht zu sein, und ich bin bereit, die Vollkommenheit in der Situation zu sehen.

Bereit	Offen	Skep-tisch	Nicht bereit

11. Auch wenn ich nicht weiß, warum oder wie, erkenne ich nun, dass ich genau das bekommen habe, was ich unbewusst wollte. (Falls andere beteiligt sind: Alle Beteiligten haben einen heilenden Tanz mit- und füreinander getanzt.)

Bereit	Offen	Skep-tisch	Nicht bereit

12. Ich ehre mich selbst dafür, dass ich bereit bin, eine Rolle bei der Heilung einer anderen Person zu spielen, und ich danke der Person, dass sie bereit ist, eine Rolle bei meiner Heilung zu spielen.

Bereit	Offen	Skep-tisch	Nicht bereit

13. Ich entlasse alle Urteile (wie unter 3.) aus meinem Bewusstsein.

Bereit	Offen	Skep-tisch	Nicht bereit

14. Ich ehre meine Bereitschaft, meine falschen Wahrnehmungen zu sehen und mir die Gelegenheit zu geben, Radikale Selbstvergebung zu praktizieren.

Bereit	Offen	Skeptisch	Nicht bereit

15. Die Neufassung: Ich erkenne jetzt, dass das, was ich erlebt habe (meine Täter-Opfer-Geschichte) eine genaue Widerspiegelung meiner menschlichen Wahrnehmung der Situation war. Jetzt verstehe ich, dass ich diese »Realität« ändern kann, indem ich bereit bin, die spirituelle Vollkommenheit in der Situation zu sehen. (Versuchen Sie die Geschichte neu zu fassen.)

16. Ich vergebe mir (Ihr Name) ____________ vollständig und nehme mich selbst als liebende, großzügige und kreative Person an. Ich lasse alle negativen Emotionen, Ideen oder Selbstbeurteilungen los.

    Ich ziehe meine Energie aus der Vergangenheit ab und lasse mich vollständig auf die Liebe und die Fülle ein, von der ich weiß, dass ich sie in diesem Moment habe. Ich bestimme meine Gedanken, meine Gefühle und mein Leben, und ich habe die Fähigkeit, wieder ganz ich selbst zu sein, mich selbst bedingungslos zu lieben und zu unterstützen, so wie ich bin, mit all meinen großartigen und wundervollen Fähigkeiten.

17. Ich gebe mich nun ganz der höheren Macht hin, die ich als ____________ sehe, und vertraue dem Wissen, dass diese Situation sich weiterhin in Vollkommenheit und in Einklang mit der göttlichen Führung und den spirituellen Gesetzmäßigkeiten entfalten wird. Ich erkenne meine Einheit und fühle mich vollkommen mit der Quelle meines Seins verbunden. Meine wahre Natur, die Liebe, ist wiederhergestellt. Ich schließe meine Augen, um die Liebe zu fühlen, die in meinem Leben fließt, und die Freude, die aufkommt, wenn ich die Liebe fühle und ausdrücke.

18. Eine Notiz für eine Person, die ich auf irgendeine Weise verletzt oder negativ berührt habe:

    Nun, da ich dieses Arbeitsblatt ausgefüllt habe, erkenne ich, dass das, was geschehen ist, einer göttlichen Ordnung gefolgt ist.

    Aus der Perspektive des Daseins in dieser physischen Welt von Schmerz und Leiden entscheide ich mich dennoch, eine Radikale Entschuldigung auszusprechen, um Wiedergutmachung zu leisten und um Deine Vergebung zu bitten. Meine Radikale Entschuldigung lautet wie folgt:

19. Eine Notiz an mich selbst

13 SICH ENTSCHULDIGEN

Immer wenn wir etwas falsch gemacht haben und einer Person oder Gruppe Stress verursacht oder Schmerzen zugefügt haben, ist es ein natürlicher Reflex, sich dafür zu entschuldigen. Wenn der Schaden oder die Verletzung schwer war, muss die Entschuldigung möglicherweise mit einer Sühne oder Wiedergutmachung verbunden sein, die dem Versuch der Versöhnung den nötigen Nachdruck verleiht. Vielleicht ist sogar eine Wiederherstellung des Zustandes vor dem Schaden oder eine angemessene Entschädigung nötig – finanziell oder auf andere Weise.

Wir erwarten, dass die Entschuldigung der jeweiligen Tat angemessen ist. Es sollte sichtbar und spürbar sein, dass die Sühne das richtige Maß hat und hoffentlich ausreicht, um den Schmerz und das Leid der betroffenen Seite zu lindern. Das Prinzip der Fairness kommt hier ins Spiel, zusammen mit einem Sinn für Gerechtigkeit, Mitgefühl und Fürsorge.

Eine gewöhnliche Entschuldigung erkennt also an, dass irgendetwas auf irgendeine Weise beschädigt wurde, weil wir absichtlich etwas getan haben, was falsch war. Es ist eine Form der direkten Kommunikation mit der geschädigten Partei, in der zum Ausdruck gebracht wird, dass wir Reue, Schuld und Bedauern darüber empfinden, dass das Ereignis stattgefunden hat, und wünschen, dass sie dies weiß.

Die Entschuldigung kann mit einer Bitte um Vergebung verbunden sein, obwohl sie dadurch leicht in Beeinflussung umschlagen kann, wenn man nicht vorsichtig ist. Unsere Entschuldigung wird dann an die Bedingung geknüpft, dass uns verziehen wird. Dadurch dreht es sich nur noch um uns und nicht mehr um die Person, die verletzt wurde. Wir entschuldigen uns, weil wir uns besser fühlen wollen.

Bei einer gewöhnlichen Entschuldigung geht es in keiner Weise um den tieferen spirituellen Sinn dessen, was geschehen ist. Das heißt, dass das Opferbewusstsein (altes Paradigma) durch diese Art von Entschuldigung voll unterstützt wird. Auf den ersten Blick scheint es also, als würde eine Entschuldigung überhaupt nicht in das Konzept der Radikalen Selbstvergebung passen.

Würden wir in einer vollständig erwachten Welt leben, in der sich jeder des spirituellen Sinns hinter allem bewusst ist, gäbe es keine Notwendigkeit für eine Entschuldigung im gewöhnlichen Sinne, da niemals irgendetwas Falsches passiert ist. Doch so weit sind wir noch lange nicht. Entschuldigungen sind also immer noch angebracht.

Die Entschuldigungen nehmen jedoch eine andere Form an, wenn wir uns als Individuen über das Wesen der Seelenreise und der höheren Absicht in allem, was geschieht, bewusst werden. Es ist nicht so, dass wir unbedingt andere Worte gebrauchen oder etwas anderes tun als vorher. Es ist unsere innere Einstellung, die anders ist. Wir können dies als »Radikale Entschuldigung« bezeichnen.

Die Radikale Entschuldigung

Eine Radikale Entschuldigung erkennt an, dass in menschlichen Begriffen jemand verletzt wurde und dass dies etwas ist, worüber man wirklich traurig sein kann und möglicherweise sogar *angemessene* Schuldgefühle hat. Wir übernehmen auch die Verantwortung für das, was nach menschlichen und weltlichen Begriffen geschehen ist, und sind bereit, für unsere Taten geradezustehen.

Gleichzeitig sind wir offen für die Möglichkeit, dass durch unser Handeln einem höheren Zweck gedient wurde und es aus einem bestimmten Grund so kommen musste. Wir sehen die Situation gleichzeitig aus zwei Perspektiven: der Welt des Göttlichen und der Welt des Menschlichen.

Doch das behalten wir für uns. Wir geben es im Rahmen unserer Entschuldigung nicht preis, denn es würde den Wert der Entschuldigung aus Sicht des Empfängers erheblich mindern, selbst wenn er in diesem Punkt mit uns übereinstimmt. Es würde wie ein Versuch klingen, seinen Schmerz und die eigene Schuld abzuschwächen. Wir würden den Eindruck erwecken, die Spiritualität nur vorzuschieben, um von unserer eigenen Verantwortung abzulenken.

Diese Perspektive zu bewahren, ohne darüber zu sprechen, führt jedoch dazu, dass unsere eigene Schwingung erhöht wird. (Schuld und Scham haben eine sehr niedrige Schwingungsebene. Die Bereitschaft, das Vollkommene zu sehen, erzeugt hingegen eine sehr hohe Frequenz.)

Die verletzte Person wird dies auf einer bestimmten Ebene fühlen und energetisch damit Kontakt aufnehmen. Dies führt dazu, dass die in der Situation gebundene, niedrige Schwingungsenergie freigesetzt wird und Heilung auf diese Weise schneller stattfinden kann als mit einer gewöhnlichen Entschuldigung. Außerdem wird sich das Bewusstsein generell erhöhen, und damit wird die Notwendigkeit geringer, dass solche Dinge in Zukunft wieder passieren.

Die Trauer und das Bedauern, die mit einer aufrichtigen Entschuldigung verbunden sind, sind bei einer Radikalen Entschuldigung genauso echt wie bei einer gewöhnlichen Entschuldigung. Doch in Ihrem Bewusstsein fühlen Sie die Trauer nicht so sehr, weil passiert ist, was passiert ist, sondern mehr, weil ein Mensch dabei verletzt oder geschädigt wurde. Zudem schafft sie einen Freiraum, in dem Radikale Vergebung stattfinden kann – besonders für das Opfer. Eine Radikale Entschuldigung ist daher eine gute Einleitung für Radikale Vergebung und Versöhnung.

Abgesehen davon ist Radikale Entschuldigung ein weiterer Schritt zur Klärung unseres Schattens. Allein dadurch, dass wir einen anstößigen Teil von uns, der dieses »Verbrechen« an jemandem begangen hat und sonst im Verborgenen geblieben wäre, ans Licht bringen, entlassen wir diesen Aspekt unseres Schattens. Das liegt daran, dass wir durch das Aussprechen der Radikalen Entschuldigung gleichzeitig uns selbst vergeben.

Das Gleiche gilt für Gruppen, Unternehmen, religiöse Organisationen, Regierungen und sogar für ganze Länder. Sie alle haben ihre Schatten, und viele davon bedürfen bis heute der Heilung.

Amerika zum Beispiel hat die Sklaverei, den Völkermord an den Indianern, die fortgesetzte Rassendiskriminierung und Ungerechtigkeit und Vieles andere, weswegen es eine Menge Schuld und Scham mit sich herumträgt. Ein Großteil dieses Schattens wird in den USA nach wie vor nicht gern gesehen und weitgehend verleugnet.

Vor einigen Jahren wurde eine sehr schwache Entschuldigung an die amerikanischen Ureinwohner ausgesprochen – nicht etwa von der Regierung selbst, sondern von einer Regierungsbehörde, die zu der Zeit zufällig von einem amerikanischen Ureinwohner geleitet wurde. Das hatte nicht viel zu bedeuten.

Am 30. Juli 2008, über 140 Jahre nach Abschaffung der Sklaverei, entschuldigte sich das amerikanische Repräsentantenhaus offiziell bei Amerikanern afrikanischer Abstammung wegen der »fundamentalen Ungerechtigkeit, Grausamkeit, Brutalität und Inhumanität der Sklaverei und Rassentrennung«. In den Medien wurde diese Entschuldigung kaum zur Kenntnis genommen, und ich bezweifle, dass viele Amerikaner überhaupt etwas davon wissen. Es war gewiss keine Entschuldigung, die der Ungeheuerlichkeit dieses schrecklichen Verbrechens angemessen war.

Ebenfalls 2008 machte die australische Regierung einen wichtigen Schritt hin zu einem von Herzen kommenden »Sorry« für die seit Jahrtausenden im Lande lebenden Ureinwohner wegen der Grausamkeiten, die sie unter den weißen englischen Einwanderern erlitten hatten. Dies war das Ergebnis einer langjährigen Initiative australischer Bürger, die ihren kollektiven Schatten erlösen wollten, indem sie dafür sorgten, dass sich ihre Regierung aufrichtig bei den Ureinwohnern entschuldigte.

Ich weiß nicht, ob sich Russland jemals wegen des Völkermordes entschuldigt hat, den Stalin beging, als er systematisch zwölf Millionen Menschen umbrachte. Deutschland hingegen hat sich offiziell für den »Rassenwahn« und den »Nationalismus« entschuldigt, der zum »Völkermord am jüdischen Volk von der Hand des nationalsozialistischen Regimes« geführt hat. In zahlreichen Gedenkstätten und Museen wird die Erinnerung an das, was in Deutschland geschehen ist, wach gehalten.

Man kann sagen, dass Deutschland als Land dieses Verbrechen an der Menschlichkeit eingestanden und den Versuch der Wiedergutmachung gemacht hat.

Meiner Meinung nach hat Deutschland einen Großteil seines kollektiven Schattens geklärt, und zwar auf eine Weise, wie es England und Amerika noch bevorsteht.

(Ich glaube, dass Saddam Hussein Amerika einen Spiegel vorgehalten hat, in dem es sich selbst sehen konnte. Doch Amerika hat nichts gesehen und daher die Chance für Heilung versäumt. Stattdessen hat man sich entschieden, mit Bomben nach ihm zu werfen und dadurch letztlich nur sich selbst zu schaden. Das Ergebnis ist eine Vermehrung der kollektiven Scham. Dieser Gedanke wird in meinem Buch *A Radical Incarnation* (»Eine Radikale Inkarnation«) weiter ausgeführt.

Es ist ein interessanter Gedanke, dass Einzelpersonen, die im Namen des ganzen Landes an Selbstvergebung arbeiten, den Schatten des Landes heilen können. Es funktioniert holografisch. Indem eine Person ihre Schwingung erhöht, wird die Schwingung des Ganzen erhöht.

Wenn Sie erkennen, dass der Schatten Ihres Landes auch Ihr Schatten ist, füllen Sie die Arbeitsblätter zur Radikalen Selbstvergebung so aus, als wären Sie das Land. Sie können auch eine Radikale Entschuldigung an Gruppen aussprechen, die von Ihrem Land verletzt wurden. Indem Sie dies tun, verschiebt sich die Energie und die Gesamtenergie wird in Richtung Heilung bewegt.

Wir brauchen nicht darauf zu warten, dass unsere Regierungen aktiv werden. Wir können selbst dafür sorgen. Sie können sich Ihre eigene Entschuldigung ausdenken. Vielleicht möchten Sie sich von der folgenden Entschuldigung anregen lassen, die ich für *Healing America* auf meiner Website geschrieben habe:

Eine Radikale Entschuldigung für Amerika

Obwohl ich weiß, dass alles in göttlicher Ordnung war und ist, bin ich/Amerika jetzt bereit, eine Radikale Entschuldigung an alle Personen und Sachen auszusprechen, die ich/Amerika in irgendeiner Weise verletzt haben sollte. Ich tue dies im Wissen und in der Zuversicht, dass diese Entschuldigung den Prozess der Klärung meines/Amerikas Schattens beginnt und hoffentlich den Schmerz aller lindert, die von mir/Amerika verletzt wurden. Insbesondere im Namen aller Amerikaner spreche ich meine aufrichtige Radikale Entschuldigung aus an …

- ☐ Amerikaner afrikanischer Herkunft
- ☐ amerikanische Indianer
- ☐ Amerikaner lateinamerikanischer Herkunft
- ☐ Amerikaner chinesischer Herkunft
- ☐ Amerikaner japanischer Herkunft
- ☐ andere ethnische Gruppen, nämlich __________
- ☐ Frauen
- ☐ irrtümlich zu einer Gefängnisstrafe oder zum Tod Verurteilte
- ☐ Amerikaner, die Hexenverfolgungen zum Opfer gefallen sind
- ☐ die Bewohner von Nagasaki und Hiroshima
- ☐ die Bewohner von Vietnam, Afghanistan und dem Irak
- ☐ die Menschen in anderen Ländern, die von Amerika durch Einmischung in ihre inneren Angelegenheiten verletzt wurden

Stellen Sie Ihre eigene Liste für Ihr Land zusammen, oder verfassen Sie eine andere Liste für Personen und Gruppen, die Ihnen besonders am Herzen liegen. Je nachdem, in welchem Land Sie leben, kann diese Liste natürlich völlig anders aussehen.

Ist eine Entschuldigung für das angebracht, was unsere Vorfahren getan haben?

Es ist natürlich wahr, dass wir nicht direkt für die Dinge verantwortlich sind, die unsere Vorfahren getan haben, und dass ihr Tun nicht ungeschehen gemacht werden kann. Dies wird meist als Grund angeführt, warum wir uns heutzutage nicht mehr für unsere historische Vergangenheit zu entschuldigen brauchen. Doch das ist ein schwaches Argument und ignoriert die Fakten.

Neuere Studien aus Skandinavien haben gezeigt, dass sich nicht gelöste emotionale Schmerzen über Generationen in den Genen manifestieren.

Es ist eine Tatsache, dass wir alle den Schmerz unserer Vorfahren in uns tragen. Wenn unsere Vorfahren die Opfer waren, tragen wir ihre Verletzung und ihre Wut aus – und geben sie an unsere eigenen Kinder weiter. Wenn wir die Nachfahren der Täter sind, tragen wir ihre Schuld und Scham mit uns herum. Und auch sie werden weitergegeben. Wir alle leiden an unseren Schmerzen, und das werden wir so lange tun, bis wir uns entschließen, uns selbst und andere zu heilen.

Es steht außer Frage, dass unsere ungelösten Probleme in allen aufeinanderfolgenden Generationen so lange ausgelebt werden, bis es uns gelingt, sie zu klären. Es liegt an uns.

Die Antwort lautet also ja. Es steht uns durchaus an, uns für unsere Vorfahren zu entschuldigen und uns gegenüber den Nachfahren derjenigen, die verletzt wurden und noch immer an diesem Schmerz tragen, großzügig zu zeigen. Die Radikale Entschuldigung ist der erste Schritt in diesem Heilungsprozess, der in jedem Fall angebracht ist. Jedes Verbrechen, das ohne angemessene Entschuldigung bleibt, ist ein andauerndes Verbrechen.

(Ein Arbeitsblatt zur Radikalen Entschuldigung finden Sie im Anhang des Buchs.)

14 DAS ARBEITSBLATT ZUR RADIKALEN SELBSTAKZEPTANZ

Wenn Sie die Übungen im zweiten Teil durchgearbeitet haben, sind sie bereits mit dem Vorgang der Selbstakzeptanz vertraut. Dieses Kapitel ist eine Anleitung zur Verwendung des Arbeitsblattes zur Selbstakzeptanz (im Anschluss an dieses Kapitel), das Sie immer dann verwenden, wenn Ihr innerer Kritiker beginnt, Sie schlecht zu machen, und Sie anfangen, ein schlechtes Gefühl sich selbst gegenüber zu haben.

Es ist ebenfalls eine Möglichkeit, jene Teile Ihres Schattens ans Licht zu bringen, die Sie bisher verleugnet, unterdrückt und auf andere projiziert haben. Sobald Sie diese Schattenanteile als solche erkannt haben, können Sie anfangen, sie zu lieben und zu akzeptieren. Aber wie erkennt man sie?

Dies ist überhaupt nicht schwer, weil Ihre Mitmenschen sie Ihnen freundlicherweise genau widerspiegeln. Vielleicht erinnern Sie sich an das Prinzip: »Was du in anderen siehst, hast du auch.« Das heißt, dass Sie sich nur über jemanden aufregen, wenn diese Person in Resonanz mit jenen Teilen Ihres Schattens steht, die Sie verleugnet, unterdrückt und auf sie projiziert haben. Was immer Sie an jemandem stört, ist genau das, was Sie an sich selbst nicht mögen und was sich gleichzeitig danach sehnt, geliebt und akzeptiert zu werden.

Der Anfang des Arbeitsblattes zeigt, wie wir uns selbst in zwei Teile aufspalten. Auf der einen Seite stehen die Attribute, von denen wir gelernt haben, dass sie akzeptabel sind. Auf der anderen Seite stehen die Attribute, die nicht akzeptabel sind. Das ist unsere Schattenseite, die überwiegend auf Scham basiert. Man hat uns beigebracht, dass wir so und so sind. Wir haben es angenommen und dann zugeschüttet.

Im nächsten Schritt werden wir aufgefordert, uns den Teil unseres Schattens anzuschauen, der zu einer bestimmten Zeit mit jemandem in Resonanz geht. Was von uns sehen wir im anderen widergespiegelt? Der Rest erklärt sich von selbst.

1. Image im Vergleich zum Schatten

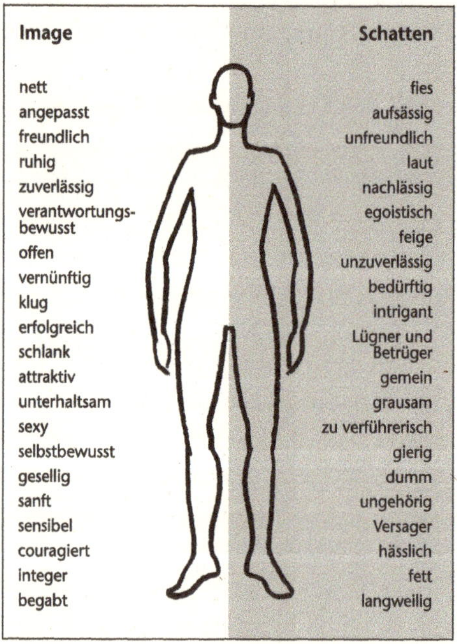

2. Was stört mich an anderen, was leicht ein Teil meines Schattens sein könnte, der sich danach sehnt, geliebt und akzeptiert zu werden?

Schreiben Sie in dieses Feld, was immer Sie an der anderen Person stört, und schauen Sie dann, ob Sie diese Eigenschaft in sich selbst erkennen können. Anschließend bestätigen Sie sich, dass Sie diesen Teil von sich lieben und akzeptieren.

3. Obwohl mir dies niemand momentan widerspiegelt, fühle ich einen Hass gegen mich selbst.
Was ich jetzt anscheinend am meisten an mir hasse, ist Folgendes ...

Dies ist eine Alternative zu Nummer 2. Schreiben Sie in das Feld, was sich als Ausdruck eines Teils von Ihnen zu erkennen gibt, den Sie verachten – vorausgesetzt, Sie können ihn identifizieren. Falls nicht, schreiben Sie einfach, dass Sie nicht wissen, was es ist.

4. Auf einer Skala von 1 bis 10 (wobei 1 extrem niedrig und 10 extrem hoch bedeutet) ist meine Selbstachtung bei

1 2 3 4 5 6 7 8 9 10 (eine Zahl einkreisen).

5. Ich würdige meine Gefühle und nehme sie an, ohne sie zu beurteilen.

Bereit	Offen	Skep- tisch	Nicht bereit

6. Ich mache mir meine Gefühle zu eigen. Niemand kann mir meine Gefühle verordnen. Meine Gefühle reflektieren, wie ich die Situation sehe.

Bereit	Offen	Skep- tisch	Nicht bereit

7. Ich erkenne nun, dass die Schattenanteile, die in mir Resonanz finden, nicht mehr sind als Geschichten, die ich für wahr gehalten habe und die für mich mit Scham besetzt sind. Dies gilt auch, wenn ich gar nicht weiß, was es ist. Dies hat dazu geführt, dass ich mich schlecht fühle. Ich lasse diese Geschichten nun vollkommen los und stelle die Liebe zu mir wieder her.

Bereit	Offen	Skep- tisch	Nicht bereit

Es ist nicht notwendig zu wissen, welche Teile des Schattens aktiviert werden. Selbst wenn jemand Ihnen etwas widerspiegelt, ist es nicht immer leicht zu sehen, inwiefern Ihr Verhalten und die Eigenschaften Ihres Schattens zusammenpassen. Versuchen Sie erst gar nicht, dies herauszufinden, wenn es nicht absolut offensichtlich ist.

8. Ich lasse nun alle Urteile und negativen Gefühle über mich selbst los und akzeptiere mich voll und ganz so, wie ich bin, in all meiner *(absolut vollkommenen)* Unvollkommenheit. Insbesondere lasse ich Folgendes los:

Schreiben Sie hier die gleichen Dinge auf, die Sie in Feld Nr. 3 aufgeschrieben haben. Denken Sie daran: Bis Sie sich selbst vergeben können, tun Sie einfach so, als ob. Wenn Sie sich im Moment also noch nicht so voller Liebe für sich selbst fühlen, ist das kein Problem. Das Wesentliche ist, dass Sie sich auf den Prozess einlassen. Der Rest folgt von selbst. Achten Sie auf die Formulierung »absolut vollkommene Unvollkommenheit«. Wenn wir nicht unvollkommen wären, wären wir keine Menschen und könnten unseren Mitmenschen, die uns in unserer Unvollkommenheit brauchen, nicht dienen.

9. Ich erkenne, dass ich die Geschichten anderer Menschen über mich geglaubt und mich dadurch unvollkommen gefühlt habe. Wenn ich an diese Menschen denke, habe ich den Impuls, so viele Arbeitsblätter zur Radikalen Vergebung auszufüllen, wie notwendig sind, um ihnen zu vergeben.

(Erstellen Sie eine Liste der Personen.)

Dies kann ein sehr wichtiger Teil Ihres Prozesses sein. Wie bereits erwähnt sorgen gewöhnlich unsere Eltern dafür, dass wir uns unserer selbst schämen, selbst wenn sie es überhaupt nicht beabsichtigen. Verwenden Sie das Arbeitsblatt zur Radikalen Vergebung, um diese Energie zu klären.

10. Einschließlich all meiner Stärken und Schwächen würde ich mich momentan wie folgt beschreiben:

Zeichnen Sie ein starkes positives Bild von sich selbst. Schließen Sie dabei die Eigenschaften, die Sie bisher für unakzeptabel gehalten haben (Ihre Schatten), ebenso mit ein wie die Eigenschaften, die Sie an sich schätzen. Schreiben Sie dann zum Abschluss, dass Sie sich so, wie Sie sind, akzeptieren.

11. Lesen Sie den folgenden Abschnitt laut:

»Ich vergebe mir ________________ (Ihr Name)
vollständig und nehme mich selbst als liebende, großzügige und kreative Person an. Ich lasse alle negativen Emotionen, Ideen oder Selbstbeurteilungen los. Ich ziehe meine Energie aus der Vergangenheit ab und lasse mich vollständig auf die Liebe und Fülle ein, von der ich weiß, dass ich sie in diesem Moment habe. Ich erschaffe meine Gedanken, meine Gefühle und mein Leben. Ich habe die Fähigkeit, wieder ganz ich selbst zu sein, mich selbst bedingungslos zu lieben und zu unterstützen, ganz so, wie ich bin, mit all meinen großartigen und wundervollen Fähigkeiten.«

12. Lesen Sie den folgenden Abschnitt laut:

»Ich gebe mich nun ganz der höheren Macht hin,
die ich als ________________ sehe,
und vertraue dem Wissen, dass diese Situation sich weiterhin in Vollkommenheit und in Einklang mit der göttlichen Führung und den spirituellen Gesetzmäßigkeiten entfalten wird. Ich erkenne meine Ganzheit und fühle mich vollkommen mit der Quelle meines Seins verbunden. Meine wahre Natur, die Liebe, ist wiederhergestellt. Ich schließe meine Augen, um die Liebe zu fühlen, die in meinem Leben fließt, und die Freude, die in mir aufkommt, wenn ich die Liebe fühle und zum Ausdruck bringe.«

13. Eine Notiz an mich selbst

Schreiben Sie ein paar Worte an sich selbst, mit denen Sie sagen, wie sehr Sie sich schätzen und sich selbst dafür danken, dass Sie dieses Arbeitsblatt ausfüllen. Lesen Sie den folgenden Abschnitt laut:

> »Ich akzeptiere mich so, wie ich bin, denn ich sehe jetzt, dass ich schon immer vollkommen war und dass niemals irgendetwas falsch an mir war. Ich erkenne mich bedingungslos an – so, wie ich bin. Ich akzeptiere und liebe mich. Ich erkenne, dass ich ein spirituelles Wesen bin, das eine menschliche Erfahrung macht, und ich liebe und unterstütze mich in jedem Aspekt meiner Menschlichkeit.«

14. Nun, nachdem ich dieses Arbeitsblatt ausgefüllt habe, ist meine Selbstachtung auf einer Skala von 1 bis 10 (wobei 1 extrem niedrig und 10 extrem hoch bedeutet) wie folgt:

1 2 3 4 5 6 7 8 9 10 (eine Zahl einkreisen).

Arbeitsblatt zur Selbstakzeptanz

Wenn der auf dem Arbeitsblatt vorgesehene Platz nicht ausreichen sollte, schreiben Sie einfach auf ein Extrablatt. Dieses Arbeitsblatt im A4-Format zum kostenlosen Herunterladen: www.tipping-methode.de (Downloads).

Image	**Schatten**
nett	fies
angepasst	aufsässig
freundlich	unfreundlich
ruhig	laut
zuverlässig	nachlässig
verantwortungsbewusst	egoistisch
offen	feige
vernünftig	unzuverlässig
klug	bedürftig
erfolgreich	intrigant
schlank	Lügner und Betrüger
attraktiv	gemein
unterhaltsam	grausam
sexy	zu verführerisch
selbstbewusst	gierig
gesellig	dumm
sanft	ungehörig
sensibel	Versager
couragiert	hässlich
integer	fett
begabt	langweilig

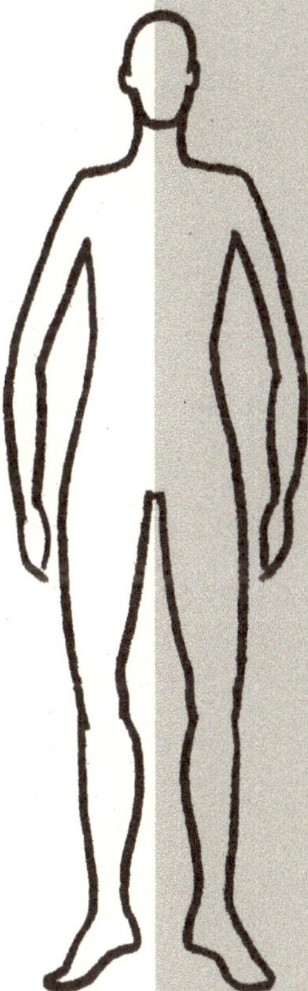

1. Machen Sie Ihre eigene Liste: Was sind Ihre Eigenschaften, die Sie an sich akzeptieren, was sind Ihre Eigenschaften, die Sie nicht haben möchten?

2. Was stört mich an anderen, was leicht ein Teil meines Schattens sein könnte, der sich danach sehnt, geliebt und akzeptiert zu werden?

   Schreiben Sie, was immer Sie an der anderen Person stört, und sehen Sie dann, ob Sie diese Eigenschaft irgendwo in sich selbst erkennen können.

   Sprechen Sie laut aus: Ich bin jetzt bereit, diesen Teil von mir zu akzeptieren und zu lieben.

3. Obwohl mir dies niemand momentan widerspiegelt, fühle ich einen Hass gegen mich selbst. Was ich gerade am meisten an mir hasse, ist Folgendes:

   Dies ist eine Alternative zu Nr. 2. Schreiben Sie auf, was sich als der Teil von Ihnen zu erkennen gibt, den Sie verachten, vorausgesetzt, Sie können ihn identifizieren. Falls nicht, schreiben Sie einfach auf, dass Sie nicht wissen, was es ist.

4. Auf einer Skala von 1 bis 10 (wobei 1 extrem niedrig und 10 extrem hoch bedeutet) ist mein Selbstwertgefühl:

5. Ich würdige meine Gefühle und nehme sie an, ohne sie zu beurteilen.

Bereit	Offen	Skep-tisch	Nicht bereit

6. Ich mache mir meine Gefühle zu eigen. Niemand kann mir meine Gefühle verordnen. Meine Gefühle reflektieren, wie ich die Situation sehe.

Bereit	Offen	Skep-tisch	Nicht bereit

7. Ich erkenne nun, dass die Schattenanteile, die in mir Resonanz finden, nicht mehr sind als Geschichten, die ich für wahr gehalten habe und die für mich mit Scham besetzt sind. Das gilt auch, wenn ich nicht weiß, was es ist. Dies hat dazu geführt, dass ich mich schlecht fühle. Ich lasse diese Geschichten nun vollkommen los und stelle die Liebe zu mir wieder her.

Bereit	Offen	Skep-tisch	Nicht bereit

Es ist nicht notwendig zu wissen, welche Teile des Schattens aktiviert werden. Selbst wenn jemand Ihnen etwas widerspiegelt, ist es nicht immer leicht zu sehen, inwiefern Ihr Verhalten und die Eigenschaften Ihres Schattens zusammenpassen. Versuchen Sie erst gar nicht, dies herauszufinden, wenn es nicht völlig offensichtlich ist.

8. Ich lasse nun alle Urteile und negativen Gefühle über mich selbst los und akzeptiere mich voll und ganz, so wie ich bin, in all meiner (absolut vollkommenen) Unvollkommenheit. Insbesondere lasse ich Folgendes los:

(Schreiben Sie hier die gleichen Dinge auf, die Sie bei Punkt 3 aufgeschrieben haben.)

9. Ich erkenne, dass ich die Geschichten anderer Menschen über mich geglaubt und mich dadurch unvollkommen gefühlt habe. Wenn ich an diese Menschen denke, habe ich den Impuls, so viele Arbeitsblätter zur Radikalen Vergebung auszufüllen, wie notwendig sind, um ihnen zu vergeben.

   (Erstellen Sie eine Liste der Personen.)

10. Einschließlich all meiner Stärken und Schwächen würde ich mich momentan wie folgt beschreiben:

    Zeichnen Sie ein starkes positives Bild von sich selbst. Schließen Sie dabei die Eigenschaften, die Sie bisher für unakzeptabel gehalten haben (Ihre Schatten), ebenso mit ein wie die Eigenschaften, die Sie an sich schätzen. Schreiben Sie dann zum Abschluss, dass Sie sich so, wie Sie sind, akzeptieren und lieben.

11. Lesen Sie den folgenden Abschnitt laut:

    Ich vergebe mir (Ihr Name) ____________ vollständig und nehme mich selbst als liebende, großzügige und kreative Person an. Ich lasse alle negativen Emotionen, Ideen oder Selbstbeurteilungen los.

    Ich ziehe meine Energie aus der Vergangenheit ab und lasse mich vollständig auf die Liebe und die Fülle ein, von der ich weiß, dass ich sie in diesem Moment habe. Ich bestimme meine Gedanken, meine Gefühle und mein Leben, und ich habe die Fähigkeit, wieder ganz ich selbst zu sein, mich selbst bedingungslos zu lieben und zu unterstützen, so, wie ich bin, mit all meinen großartigen und wundervollen Fähigkeiten.

12. Lesen Sie den folgenden Abschnitt laut:

Ich gebe mich nun ganz der höheren Macht hin, die ich als ____________ sehe, und vertraue dem Wissen, dass diese Situation sich weiterhin in Vollkommenheit und in Einklang mit der göttlichen Führung und den spirituellen Gesetzmäßigkeiten entfalten wird. Ich erkenne meine Einheit und fühle mich vollkommen mit der Quelle meines Seins verbunden. Meine wahre Natur, die Liebe, ist wiederhergestellt. Ich schließe meine Augen, um die Liebe zu fühlen, die in meinem Leben fließt, und die Freude, die aufkommt, wenn ich diese Liebe fühle und ausdrücke.

13. Eine Notiz an mich selbst:

Schreiben Sie ein paar Worte an sich selbst, in denen Sie sagen, wie sehr Sie sich schätzen und sich dafür danken, dass Sie dieses Arbeitsblatt ausfüllen.

Lesen Sie den folgenden Abschnitt laut:

Ich akzeptiere mich so, wie ich bin, denn ich sehe jetzt, dass ich immer schon vollkommen war und dass niemals irgendetwas an mir falsch war. Ich erkenne mich bedingungslos an, so, wie ich bin, akzeptiere mich und liebe mich. Ich erkenne, dass ich ein spirituelles Wesen bin, das eine menschliche Erfahrung macht, und ich liebe und unterstütze mich in jedem Aspekt meiner Menschlichkeit.

14. Nun, nachdem ich dieses Arbeitsblatt ausgefüllt habe, ist mein Selbstwertgefühl auf einer Skala von 1 bis 10:

....

SIEBTER TEIL

Ich vergebe mir …

15 ICH VERGEBE MIR DAFÜR, DASS ICH MIR GELDPROBLEME SCHAFFE

Das Leben im Allgemeinen und unsere Mitmenschen im Besonderen sind der beste Spiegel für unsere Überzeugungen, Einstellungen, Vorurteile, Vorlieben und was immer sonst noch tief in unserem Unbewussten lebendig ist. Doch es ist unser Umgang mit dem Geld, in dem dies am deutlichsten zum Ausdruck kommt.

Wir selbst erschaffen unsere Realität, und zwar mit unseren Gedanken und Überzeugungen. Sobald wir das begriffen haben, können wir im nächsten Schritt feststellen, dass unsere finanzielle Situation keine Funktion äußerer Einflüsse ist, sondern aus unseren Gedanken und Gefühlen gegenüber dem Geld resultiert.

Wenn unser Bewusstsein der entscheidende Faktor ist, dann bedeutet dies, dass sich unsere finanzielle Lage ändert, sobald wir unsere Einstellung zum Geld ändern. Das ist allerdings leichter gesagt als getan.

Von frühester Kindheit an werden wir nämlich beeinflusst, Geld auf eine bestimmte Weise zu sehen, und diese Überzeugungen lassen sich nur schwer verändern. Daher gehen die meisten Menschen durchs Leben, ohne ihre Einstellungen hinsichtlich Einkommen und Reichtum jemals zu ändern.

Wenn es ums Geld geht, sind wir fest darauf programmiert, uns stets innerhalb unserer gewohnten Erträglichkeitsgrenzen zu bewegen. Unser sabotierendes Ich wird um jeden Preis dafür sorgen, dass dies so bleibt. Das erklärt, warum Leute, die schnell an viel Geld kommen, es oft auch schnell wieder verlieren.

Die Lösung dieses Problems liegt nicht in dem Versuch, das Unbewusste umzuprogrammieren. Das ist ohnehin so gut wie unmöglich. Ebenso falsch wäre es zu versuchen, unser sabotierendes Ich umzustimmen. Die erfolgreichste Strategie besteht darin, unsere spirituelle Intelligenz einzusetzen, um das Unbewusste insgesamt zu umgehen. Dies wird durch den Prozess der Radikalen Selbstvergebung möglich.

Da dieser Prozess eine komplette Neufassung unserer Geschichte beinhaltet, ermöglicht er uns, mit Leichtigkeit in das neue Paradigma überzuwechseln, das besagt: Geld hat keinerlei Bedeutung, außer der, die wir ihm geben. Es gibt keinen Mangel daran. Man kann so viel davon haben, wie man will und wann immer man will und so weiter. Dies sollte ausreichen, um es unserer spirituellen Intelligenz zu ermöglichen, alle Blockaden zu beseitigen, die uns an der Verbesserung unserer gegenwärtigen finanziellen Lage hindern.

Ich schlage vor, dazu drei Briefe zu schreiben. Im ersten Brief erzählen Sie Ihre Geld-Geschichte, wie sie sich im Moment darstellt. Im zweiten Brief schreiben Sie ein paar Entschuldigungen auf und finden alle möglichen Gründe, warum Sie diese Probleme haben (altes Paradigma), welche Überzeugungen Ihnen im Wege stehen und andere Dinge. Im dritten Brief bringen Sie den Gedanken zum Ausdruck, dass es keinen Mangel an Geld gibt (neues Paradigma) und dass Sie genau so viel Geld bekommen, wie Sie brauchen. Damit ist das, was Sie für ein Problem hielten, gelöst. Im Folgenden finden Sie drei Briefe, die zeigen, wie so etwas aussehen könnte.

Nehmen wir an, ich sei ein Mann mittleren Alters, der daran gewöhnt war, etwa 50 000 Euro im Jahr zu verdienen. Vor einem Jahr wurde ich befördert und mein Gehalt wurde auf 80 000 Euro im Jahr heraufgesetzt. Drei Monate später verlor ich meinen Job. Bis heute ist es mir nicht gelungen, wieder Arbeit zu finden. Ich habe eine Hypothek auf meinem Haus und viele feste Ausgaben, die mein Gehalt fast ganz verschlungen haben, also konnte ich so gut wie nichts auf die hohe Kante legen. Seit meiner Entlassung habe ich meine Kreditkarten stark belastet und Schulden in Höhe von 40 000 Euro auflaufen lassen.

Erster Brief

»Was bist Du nur für ein Idiot. Wenn Du wenigstens etwas Geld auf die Seite gelegt hättest für den Fall, dass so etwas passiert wie jetzt. Jeden Cent hast Du ausgegeben, ohne einen Gedanken an die Zukunft zu verschwenden. Und jetzt stehst Du da. Du hast nicht einmal genug Geld, um das Auto in die Werkstatt zu bringen, damit Du zu Vorstellungsgesprächen für einen neuen Job fahren kannst. Du bist auf dem besten Weg in die Pleite, und Du weißt es. Dein Kreditrahmen ist erschöpft, und Du schaffst es gerade mal, die Zinsen zu bezahlen. Wenn das so weiter geht, wirst Du es nicht in hundert Jahren schaffen, aus Deinen Schulden rauszukommen. Du stehst mit 40 Riesen in der Kreide – und kein Ausweg in Sicht. Du bist verzweifelt, hast Angst und schämst dich. Aus gutem Grund.«

In diesem ersten Brief beschreiben Sie die gegenwärtige Situation. Die Lage ist ziemlich mies, oder? Der zweite Brief könnte wie folgt aussehen:

Zweiter Brief

»Man kann sagen, dass Du keinerlei Schuld an deiner Situation trägst. Die Firma wurde übernommen, und die neuen Leute haben trotz der Tatsache, dass die alte Mannschaft dich befördert hatte, andere Vorstellungen davon, wie der Laden zu laufen hat. Also warfen sie Dich raus. Und angesichts der momentanen wirtschaftlichen Lage ist es kein Wunder, dass Du keinen Job bekommst.

Du hättest sehen können, dass es irgendwann so kommen wird. Und Du hättest für einen solchen Tag etwas auf die hohe Kante legen können. Du warst ein Optimist und hast immer nur die Sonnenseite gesehen. Du hast immer Deinen Spaß gehabt, solange Du konntest. Das habe ich an Dir immer gemocht.

Ich glaube, Du fängst allmählich an zu verstehen, dass da mehr dahintersteckt. Diese Gehaltserhöhung ist Dir zu Kopf gestiegen, oder? Schließlich hast Du noch nie zuvor so viel Geld verdient.

Es hat Dich aus Deinem gewohnten Bereich geworfen mit dem Ergebnis, dass Du Dich selbst sabotiert und Deinen Job verloren hast. Du warst schon ziemlich nah an der Obergrenze dessen, was Du ertragen kannst. Als Du dann plötzlich auf 80 000 Euro pro Jahr aufstiegst, bist Du ausgerastet.

Du hast nicht berücksichtigt, dass Dir Deine Eltern viele negative Dinge über Geld beibrachten, die Dich dem großen

Geld gegenüber misstrauisch gemacht haben. Deine Mutter hat stets gesagt, dass Leute mit viel Geld immer Dreck am Stecken haben und Dich übers Ohr hauen werden. Und Du hast ihr geglaubt. Du wolltest nicht, dass man Dich für nicht vertrauenswürdig hält.

Dein Vater war ein einfacher Arbeiter, der immer einen niedrigen Lohn bekam und nie daran gedacht hätte, dass er in seinem Leben einmal über diese Stufe hinauskommen würde. Er schaute mit Verachtung auf Leute, die im Betrieb Karriere machten, und bezeichnete sie als Verräter an der Arbeiterklasse.

Er wäre sehr enttäuscht von Dir gewesen, wenn er erlebt hätte, wie du in Deiner Firma aufgestiegen bist, zumal Du mit der letzten Gehaltserhöhung definitiv auf der Ebene der Verräter gelandet bist. Du hast Dein ganzes Leben lang nach Anerkennung durch Deinen Vater gestrebt, oder? Der Gedanke daran, wie sehr er Deine Beförderung abgelehnt hätte, war einfach zu viel für Dich. Also bist Du durchgedreht.

Außerdem war Dein Selbstwertgefühl stark angeschlagen, weil Du immer wolltest, dass Dein Vater Dir Anerkennung zeigt, was er aber nie getan hat. Wahrscheinlich hattest Du sogar das Gefühl, diesen Job nicht einmal verdient zu haben.

Ich nehme an, Du kannst im Moment nichts weiter tun, als zuzuschauen, wie sich die Ereignisse entfalten. Wenn Du Glück hast, bekommst Du irgendwann wieder einen Job. Aber Du solltest aufpassen, dass man Dir nicht mehr bietet als 50 000 Euro im Jahr. Ansonsten musst Du Dich auf einen Bankrott gefasst machen.«

Dieser Brief zeigt, dass ich zu verstehen beginne, wie dies geschehen konnte, welche Art von Voreingenommenheit hinter meiner Angst steht, mehr als 50 000 Euro pro Jahr zu verdienen, und warum ich meinen Job verloren habe, nachdem ich befördert worden war. Ich bin noch immer im Opfer-Land. Doch zumindest übernehme ich einen Teil der Verantwortung: Ich war nicht ganz unbeteiligt daran, dass es so gekommen ist.

Der dritte Brief beinhaltet die Neufassung der Geschichte im Sinne der Radikalen Selbstvergebung.

Dritter Brief

»Du bist mit der Absicht in diese Inkarnation gekommen, die Trennung zu spüren, und das ist Dir hervorragend gelungen. Geldangelegenheiten sind eine optimale Möglichkeit, diese Trennung herbeizuführen.

Obwohl Geld an sich keinen Wert und keine Bedeutung hat und es absolut keinen Mangel daran gibt, neigen wir dazu, es als äußerst schmerzhaft zu empfinden, wenn wir von unserem Geld getrennt werden. Und je mehr Geld wir haben, desto schmerzhafter ist es, sich davon zu trennen. Allein die Angst, Geld zu verlieren, ist schon schlimm genug, geschweige denn, es wirklich zu verlieren.

Geld ist also ein hervorragendes Medium, wenn es darum geht, unsere Gefühle wahrzunehmen, zu lernen und zu wachsen. Viele sagen, dass sie ihr Geld lieben, doch in Wirklichkeit hassen sie es, weil es ihnen so viel Verlustangst bereitet.

Außerdem hast Du Deine Arbeit verloren, und alles, was Du in Deinem Leben für selbstverständlich gehalten hast, hat sich in Luft aufgelöst. Wenn Du nun auch noch Bankrott gehst, wird das sicherlich eine demütigende Erfahrung sein. Du wirst also erheblich davon profitieren können.

Überdies gerätst Du in eine Position, in der Du keine Wahl hast, außer Dich in Dein Schicksal zu fügen. Auch das ist eine Gelegenheit, Deine Lektion zu lernen. Es gibt viel, was Du aus Deinen Erfahrungen lernen kannst.

Ich bin so froh, dass Du sowohl für Deine Mutter als auch für Deinen Vater ein Arbeitsblatt zur Radikalen Vergebung ausfüllen konntest, um die negativen Dinge, die sie Dich über das Geld gelehrt haben, zu klären. Durch das Ausfüllen dieser Arbeitsblätter hast Du erkannt, wie die beiden Dir in Wirklichkeit gedient haben, indem sie die Voreingenommenheit in Dir genährt haben, die Dich nun in diese Erfahrung führt. Ohne sie hättest Du diese Erfahrung nicht machen können. Ich weiß, dass Du ihnen sehr dankbar bist, weil sie dies für Dich getan haben.

Wahrscheinlich gehst Du gerade durch das erste Stadium Deines Erwachens. Und je weiter Du kommst, desto besser wirst Du verstehen, dass Du so viel Geld haben kannst, wie Du brauchst, wenn Du es willst – für was auch immer. Du wirst auch lernen, dass es keine Täter und keine Opfer gibt, und dass das Universum ein Ort der Fülle ist.

Ich kann Dir versichern, dass das Universum bereit ist, seine Fülle über Dir auszuschütten, wenn Du bereit bist, sie zu empfangen. Doch zunächst musst Du Deine spirituelle Intelligenz bitten, dies mithilfe des Gesetzes der Anziehung in Deinem Leben zu verwirklichen. Ich empfehle Dir daher, die folgende Erklärung laut auszusprechen:

1. Ich sehe, dass ich mich jetzt auf einer Schwingungsebene befinde, auf der ich offener dafür bin, Geld anzunehmen. Ich habe diese Situation auf eine für alle Beteiligten vollkommene Weise gelöst.

2. Ich erkenne jetzt, dass ich durch das Gesetz der Anziehung alles in mein Leben bringen kann, was ich brauche.

3. Ich übergebe dies jetzt meiner spirituellen Intelligenz und vertraue mich dem Göttlichen an – in dem Wissen und mit der Zuversicht, dass alles gut ist und dass das, was ich als Problem gesehen habe, nur eine Täuschung war. Ich habe das Problem bereits gelöst, als ich erkannt habe, dass ich jederzeit im Überfluss alles erhalte, was ich brauche. Ich erkenne jetzt, dass kein Gedanke an Mangel, den ich festgehalten habe, Wert und Macht besitzt, und ich gebe ihm auch keine.

4. Ich erkenne jetzt, dass es überhaupt nicht ums Geld geht. Ich habe keine Probleme mit dem Geld. Was auch immer das wirkliche Problem ist, habe ich an meine Seele übergeben, und ich habe ein unerschütterliches Vertrauen, dass meine Seele es für mich regeln wird. Danke.

So sei es.

Unserer Erfahrung nach führt der Gebrauch dieser Methode zum Lösen derartiger Probleme dazu, dass im wahrsten Sinne des Wortes Wunder geschehen können. Wie aus heiterem Himmel kommt plötzlich ein Stellenangebot, oder eine berufliche Chance eröffnet sich, die alles in völlig anderem Licht erscheinen lässt. Vielleicht gibt es auch einen Konkurs, aber auch aus einer solchen Erfahrung kann ein völlig neues, finanziell gesichertes Leben entstehen. Man weiß nie. Der Prozess ist wirksamer, als wir uns je haben träumen lassen. Selbst nach Jahren der Anwendung sind die Ergebnisse noch immer überraschend.

16 ICH VERGEBE MIR WEGEN MEINES ÜBERGEWICHTS

Dieses Thema ist bei vielen Menschen die Ursache für Selbstverachtung, Scham und Schuld. Obwohl nur eine – wenngleich große – Minderheit davon betroffen ist, halte ich es für notwendig, diesem Problem ein ganzes Kapitel zu widmen.

Dabei geht es im Wesentlichen um schwer übergewichtige Personen, nicht um Menschen, die nur gern ein paar Pfunde loswerden möchten. Es ist extrem schwierig, jemanden zu finden, der mit seinem Körper wirklich glücklich ist. Diese Aussage bedarf jedoch einer Erklärung.

Ich habe bereits ausgeführt, dass wir in dieses Leben gekommen sind, um die Trennung mit allem, was dazugehört, zu erleben, und zwar als Weg zu einem tieferen Bewusstsein der Einheit. Um dieses Spiels willen haben wir uns auf eine spirituelle Amnesie eingelassen. Das heißt, wir haben keinerlei Erinnerung an die geistige Welt, aus der wir gekommen sind. Uns Menschen erscheint die Trennung also als etwas sehr Reales und meist auch sehr Unangenehmes. Kein Wunder, dass wir sie möglichst vermeiden.

Dennoch haben wir uns auf die Erfahrung der Trennung eingelassen, nicht nur als körperliches und geistiges Phänomen, sondern auch als emotionales Ereignis. Und dazu ist ein Körper unerlässlich. Warum? Weil eine Emotion per Definition ein an ein Gefühl gebundener Gedanke ist. Wenn kein Körper vorhanden wäre, der das Gefühlselement beiträgt, bliebe nur der Gedanke übrig. Dies würde die gesamte Erfahrung zunichtemachen, denn der ganze Sinn besteht darin, dass man die Einheit nur fühlen kann, wenn man die Trennung verspürt hat. Das bedeutet: Je mehr wir uns davon abhalten, das Leben durch unsere Gefühle zu erfahren, desto mehr verneinen wir unsere Bestimmung, deretwegen wir hier sind.

Hier wird es spannend. Wenn der Körper das Medium ist, das uns in und durch den tiefen Schmerz der Trennung führt, ist es dann ein Wunder, dass wir ihn genau deswegen hassen? Ist es vielleicht möglich, dass sich ein Teil von uns daran erinnert, wie es war, nicht mit einem Körper belastet zu sein? Ist es möglich, dass wir einen inneren Groll hegen, weil wir diese Last zu tragen haben?

Wenn dem so ist, macht es dann nicht Sinn, dass wir alle unsere Schuld und Wut darüber, dass wir getrennt und voller Schmerzen sind, auf unseren Körper projizieren? Schließlich haben wir einen Körper als Symbol der Trennung angenommen. Das heißt, der Körper symbolisiert den intensiven Schmerz, der unvermeidlich das Gefühl der Trennung begleitet.

Eine sichere Methode, in dieser Welt der Trennung, die wir erschaffen haben und in der wir leben, stecken zu bleiben, besteht darin, den mit dem Erdulden der Trennung verbundenen Schmerz ständig zu tadeln, zu rechtfertigen, zu leugnen und auf etwas anderes zu projizieren. Wir tun dies auf zweierlei Weise. Entweder projizieren wir ihn auf ein Objekt oder eine Person außerhalb unserer selbst, oder wir kehren ihn um und projizieren ihn auf unseren eigenen Körper. Weil wir so mit unserem Körper identifiziert sind, bringt sich der Hass, den wir auf unseren Körper haben, allgemein als Selbsthass zum Ausdruck.

Um den Schmerz der Trennung noch intensiver zu spüren, ziehen wir Umstände an, die unseren Körper schädigen und uns emotional verwunden. Sexueller Missbrauch ist ein Beispiel dafür, und Übergewicht ist häufig ein Hinweis darauf, dass er stattgefunden hat. Selbst wenn wir den Gedanken daran verdrängen, erinnert sich der Körper daran und bildet eine Fettschicht als Schutz gegen einen erneuten realen oder eingebildeten sexuellen Übergriff.

Gibt es einen zuverlässigeren Weg, körperliche Annäherung abzuwehren, als sich deutlich unattraktiv zu machen? Gibt es einen besseren Weg, sich sexuell unattraktiv zu machen, als fettleibig zu sein?

Sobald wir jedoch die Stufe des Erwachens erreicht haben und daher den Schmerz nicht mehr einsetzen müssen, können wir die Angst fallen lassen. Wir wissen, dass wir in Sicherheit sind und dieses Erlebnis nicht länger anziehen. Von da an sollte das Gewicht abnehmen.

Wir haben erlebt, dass dies geschehen ist, wenn Teilnehmer am *Miracles*-Workshop ihre persönliche Geschichte zum Ausdruck bringen konnten. Wenige Wochen später haben sie über einen beträchtlichen Gewichtsverlust berichtet. Dies war der Ausgangspunkt für eine Reihe von Workshops, die sich speziell mit Übergewicht befassten. Ein Grundsatz dieser Workshops ist: Das Einzige, was Sie in diesem Programm aufgeben müssen, sind die Geschichten, die zu Ihrer Gewichtszunahme geführt haben.

Wenn Sie also irgendwann einen Missbrauch erlitten haben, wäre es angebracht, die betreffende Person mit einigen Arbeitsblättern zur Radikalen Vergebung zu bedenken. Wenn der

Missbrauch schwerwiegend war, ist möglicherweise eine tiefere Auseinandersetzung damit nötig. Ein Workshop zur Radikalen Vergebung wäre ein guter Anfang.

Aus der Perspektive der Radikalen Selbstvergebung gibt es möglicherweise mehrere Dinge, die Sie sich selbst zu vergeben haben. Zum Beispiel ...

1. ... dass Sie diese Umstände angezogen haben. Indem Sie dies tun, übernehmen Sie die Verantwortung dafür, dass Sie an der Herbeiführung der Situation beteiligt waren, in dem Wissen, dass es keine Zufälle gibt und dass Ihre Seele solche Umstände aus einem bestimmten Grund erzeugt. Da Sie aber möglicherweise anfällig für Schuldgefühle sind, haben Sie vielleicht die Tendenz, sich gegen sich selbst zu wenden und sich Vorwürfe zu machen. Das Ausfüllen eines Arbeitsblattes zur Radikalen Selbstvergebung wäre eine gute Möglichkeit, sich davor zu schützen.

2. ... zu denken, es sei Ihr Fehler. Wenn Kinder sexuell missbraucht werden, glauben sie oft, dass sie es irgendwie selbst verursacht haben. Dies wird noch verstärkt, wenn sie zwar den Mut aufbringen, ihren Eltern davon zu erzählen, diese ihnen aber nicht glauben oder sie sogar bestrafen. Ein Arbeitsblatt zur Radikalen Selbstvergebung kann helfen, diesen Gedanken zu vertreiben. (Ein solches Arbeitsblatt für die Eltern wäre ebenfalls hilfreich.)

3. ... sich schuldig zu fühlen, weil auch Lustgefühle aus der Erfahrung gezogen wurden. Auch wenn das Kind tief im Inneren weiß, dass es in der Situation falsch ist, kann eine Stimulation der Genitalien dennoch schöne Gefühle hervorrufen. In-

nere Konflikte und Schuldgefühle wegen der Lustempfindungen sind gewöhnlich das Resultat. Unser Körper ist dazu da, Lust zu empfinden. Dies ist daher unangemessene Schuld.

4. … weil Sie Ihre Angst auf Ihren Körper projizieren und Gewicht zulegen. Das Augenmerk liegt hier in erster Linie darauf, sich selbst zu vergeben, erstens, weil Sie nicht verstanden haben, dass Ihr Fett eine wichtige Funktion hat, und zweitens dafür, dass Sie nicht erkannt haben, dass es ein Akt der Liebe war, Ihrem Körper überall dort, wo er sich verletzbar gefühlt hat, Fettpolster anzusetzen.

Außer dem Schutz vor Nähe oder sexuellen Übergriffen gibt es natürlich noch zahlreiche andere Gründe für Übergewicht. Oft ist es viel zu schwierig, die genauen Gründe herauszufinden.

Dies spielt aber keine Rolle, denn alles, was wir wissen müssen, ist, dass sich der Körper nach bedingungsloser Liebe sehnt. Wir brauchen dann nichts weiter zu tun, als die Radikale Selbstvergebung um Radikale Selbstakzeptanz zu erweitern. Dann verwenden wir das Arbeitsblatt zur Radikalen Selbstakzeptanz, um Liebe und Akzeptanz in unseren Körper zu senden, besonders in die Teile, die wir bis jetzt am meisten gehasst haben.

17 ICH VERGEBE MIR FÜR MEINEN SCHLECHTEN GESUNDHEITSZUSTAND

Immer wenn wir uns verletzen, Schmerzen oder Krankheiten entwickeln oder unser Körper nicht so funktioniert, wie wir es gern hätten, neigen wir dazu, einen gewissen Ärger auf die betroffenen Teile unseres Körpers zu projizieren – aus den gleichen Gründen wie im vergangenen Kapitel beschrieben. Wenn unser Körper versagt, fühlen wir uns als sein Opfer.

Doch auch hier sind wir mit der gleichen Frage konfrontiert wie zu Beginn: Wer ist wessen Opfer? Hat unser Körper ein Eigenleben oder sind wir mit ihm identisch? Wir können zwar sagen, dass wir nicht *nur* aus unserem Körper bestehen, aber können wir ehrlicherweise behaupten, unser Körper sei kein integraler Bestandteil unseres menschlichen Daseins?

Wäre es nicht hilfreicher, sich den Körper als einen weiteren Aspekt unseres Selbst vorzustellen, genau wie unser urteilendes Ich, unser ideales Ich, unser vermeintliches Ich und all die anderen Ich-Anteile? Ist es möglich, dass unser Gefühl, ein Opfer unseres Körpers zu sein, lediglich das Ergebnis eines Angriffs des urteilenden und des idealen Ich auf das Körper-Ich ist? Beide gehen auf den Körper los und sagen: »Hör auf, so ungesund zu leben!« und »Kranke Menschen sind Verlierer!«

Wie wäre es, wenn wir imstande wären, einen schlechten

Gesundheitszustand als selbst erzeugte Chance zu sehen, die Trennung in uns zu fühlen? Würden unsere gesundheitlichen Probleme dann nicht ebenso viel Sinn machen wie andere innere Konflikte? Wäre das nicht eine gute Möglichkeit, das urteilende Ich zum Schweigen zu bringen?

Würde es nicht auch bedeuten, dass wir leichter loslassen könnten, wenn wir das Maß an Trennung erfahren haben, auf das wir uns für dieses Leben eingelassen haben? Könnten wir mithilfe von Liebe und Radikaler Selbstvergebung für unser Körper-Ich nicht auch unsere gesundheitlichen Probleme hinter uns lassen? Ist es, wenn wir erwacht sind, noch nötig, dass wir weiterhin solche Situationen erzeugen?

Gregg Braden präsentiert in seinem Buch *Im Einklang mit der göttlichen Matrix. Wie wir mit Allem verbunden sind* ein schlagendes wissenschaftliches Argument dafür, dass Gott (wie oben definiert) in unserer DNS enthalten ist. Falls das stimmt, kann unser Körper nichts anderes sein als vollkommen, selbst wenn er krank ist. Das heißt, dass, wie bei allem in unserem Leben, in der Unvollkommenheit Vollkommenheit ist. Wie auch immer sich die Unvollkommenheiten präsentieren, ob sie uns geschenkt oder von uns gewählt werden, sie sind immer eine Möglichkeit, zu wachsen und zu lernen.

Robert Schwartz zeigt in seinem Buch *Mutige Seelen: Planen wir unsere Lebensaufgabe bereits vor der Geburt?*, dass wir in unserem Leben bestimmte körperliche und geistige Beschwerden auf uns nehmen, um bestimmte Lektionen zu lernen. Er überprüfte diese Hypothese, indem er einem Hellseher, einem Spiritisten und einem Durchgabemedium eine Reihe von Lebensgeschichten vorlegte.

Alle drei stellten die Dinge unabhängig voneinander für jede der betroffenen Personen ähnlich dar. Alle drei besaßen die

Fähigkeit, in die Welt des Geistes zu schauen, und konnten, jeweils auf eigene Weise, beschreiben, dass jede dieser Personen vor ihrer Inkarnation ein Gespräch mit ihrer Seelengruppe geführt hatte. In diesen Gesprächen ging es darum, welche Erfahrungen jede Person für ihr Leben auswählte. Die anderen Teilnehmer der Seelengruppe halfen dabei, indem sie die Verantwortung für die Verwirklichung der gewählten Umstände übernahmen.

Der Gedanke, dass der Körper ein eigenes Bewusstsein besitzt, das man als ein Ich im Ich bezeichnen könnte, wird von Michael Talbot in *Das holographische Universum. Die Welt in neuer Dimension* ausgeführt. Er erzählt, dass er Probleme mit der Milz hatte und deshalb mit Visualisierungen und anderen Übungen zur Heilung begann. Die Visualisierungen halfen nicht, also schimpfte er auf seine Milz, weil sie sich nicht kooperativ zeigte.

Einige Tage später besuchte er eine intuitive Heilerin. Sie schaute sich seinen Körper an, hielt bei der Milz inne und sagte: »Deine Milz ist schrecklich sauer über etwas. Hast du auf deine Milz geschimpft?« Als er es zugab, sprach sie ein ernstes Wort mit ihm: »Das darfst du auf keinen Fall machen. Deine Milz dachte, sie macht alles richtig, als sie erkrankte, doch als du sie ausgeschimpft hast, war sie sehr verwirrt. Man darf niemals wütend auf seine inneren Organe sein. Schick ihnen ausschließlich liebevolle Botschaften.«

Dies scheint darauf hinzuweisen, dass der Körper eine eigene Intelligenz besitzt und trotzdem ein Teil von uns ist. Wir haben also drei Möglichkeiten, die Radikale Vergebung auf unseren Körper anzuwenden, um ihn zu unterstützen:

1. Behandeln Sie den betroffenen Körperteil so, als habe er eine eigenständige Intelligenz, und sprechen Sie mit ihm. Eine effektive Methode dafür ist der sogenannte »Dialog der Stimmen«.

Der Psychotherapeut Hal Stone entwickelte ihn als Möglichkeit, mit den eigenen Subpersönlichkeiten in Dialog zu treten.

Man sitzt dabei auf einem Stuhl und hat vor sich einen weiteren, leeren Stuhl. Dann setzt man in seiner Vorstellung den Teil von sich selbst, mit dem man in Dialog treten möchte, auf diesen Stuhl. Nehmen wir als Beispiel die Milz.

Schließen Sie die Augen, und fragen Sie Ihre Milz, was los ist. Setzen Sie sich dann schnell auf den anderen Stuhl und geben sich die Antwort, so, als wären Sie die Milz. Gehen Sie dann einfach immer hin und her, von Stuhl zu Stuhl, wobei Sie abwechselnd die Identität Ihrer gesamten Person oder Ihrer Milz annehmen. Halten Sie die Augen dabei stets geschlossen.

Dies hat den Effekt, dass der betroffene Körperteil nach außen projiziert wird. So wird ein echter Dialog möglich, und zwar auf eine Weise, die nicht möglich wäre, wenn man es einfach nur im Kopf tun würde. Sie werden überrascht sein, was Sie alles von Ihren Körperteilen lernen können, wenn Sie diese Methode anwenden.

2. Führen Sie eine Radikale Vergebung für den Körperteil durch. Nun, da Sie den Körperteil wie oben beschrieben nach außen projiziert haben, können Sie ein Arbeitsblatt zur Radikalen Vergebung verwenden, um ihm dafür zu vergeben, dass er Ihnen Schmerzen zufügt. Dies wird möglich, weil Sie nun jemanden haben, der vergibt (Ihr authentisches menschliches Ich), und jemanden, dem vergeben wird (Ihren Körperteil).

3. Führen Sie nun eine Radikale Selbstvergebung durch, in der Sie sich selbst dafür vergeben, dass Sie das gesundheitliche Problem herbeigeführt haben. Verwenden Sie dafür ein Arbeitsblatt zur Radikalen Selbstvergebung oder die drei Briefe.

18 ZUM ABSCHLUSS

In den letzten beiden Kapiteln habe ich an zwei typischen Beispielen erläutert, wie die Methode der Radikalen Selbstvergebung und der Radikalen Selbstakzeptanz auf Situationen angewendet werden kann, in denen wir zu Selbstkritik oder Selbstanschuldigung neigen.

Diese zwei Beispiele sind nur ein Ausgangspunkt. Man könnte noch unzählige weitere Situationen anführen und Kapitel verfassen, in denen konkrete Anwendungen der Radikalen Selbstvergebung erklärt werden.

Ich habe keinen Lebenspartner.
Ich kann keine Kinder bekommen.
Ich habe die falsche Person geheiratet.
Ich habe die Gelegenheit versäumt, zu …
Ich habe nicht den Mut aufgebracht, zu …

Weitere konkrete Beispiele zu behandeln wäre jedoch reine Papierverschwendung, denn das Rezept ist in jedem Fall das gleiche: Wenden Sie die Methode an! Mehr braucht es nicht.

Vielleicht erinnern Sie sich: Ganz am Anfang habe ich darauf hingewiesen, dass sich Radikale Vergebung von anderen Formen der Vergebung dadurch unterscheidet, dass sie schnell, einfach, leicht und unkompliziert Schritt für Schritt durchgeführt werden kann. Dies gilt auch für die Radikale Selbstvergebung und die Radikale Selbstakzeptanz.

Ihre Bereitschaft, die Arbeitsblätter ohne Voreingenommenheit auszufüllen, ist alles, was erforderlich ist. Den Rest erledigt Ihre spirituelle Intelligenz.

Alle Grundlagen und alles, was gebraucht wird, um Ihre spirituelle Intelligenz zu aktivieren, sind in den Arbeitsblättern enthalten. Die Arbeitsblätter sind die wichtigsten Werkzeuge, die Sie zur Verfügung haben.

Mit den drei Briefen ist es ein wenig schwieriger. Darin bringen Sie zwar mehr oder weniger die gleichen Dinge zum Ausdruck wie in den Arbeitsblättern, aber in Ihren eigenen Worten und in Ihrem eigenen Stil. Auch hier macht Ihre Bereitschaft, die Methode anzuwenden, 99 Prozent des Erfolgs aus. Was Sie im Einzelnen schreiben, ist nur ein kleiner Teil davon. Auch wenn Ihre stilistische Brillanz zu wünschen übrig lässt, wird das Universum genau verstehen, worum es geht.

Ich empfehle außerdem, dass Sie sich ein weiteres wichtiges Werkzeug aneignen, das sich sehr hilfreich erweisen kann, wenn Sie nicht sofort wieder in Ihre alte Gewohnheit, sich selbst zu bestrafen und zu verachten, verfallen wollen, falls mal etwas schiefläuft. Es handelt sich um *Radikale Selbstvergebung – die praktischen Schritte*.

Ich habe dieses Werkzeug nicht in dieses Buch eingeschlossen, weil man es hören sollte, statt es zu lesen. Es ist daher nur auf CD erhältlich. Ich habe mich sogar entschieden, die 13 Schritte hier nicht schriftlich festzuhalten, weil ich der Überzeugung bin, dass es den Wert der Erfahrung mindern würde, wenn man diesen Text gelesen hat, bevor man ihn zum ersten Mal hört.

Die *Radikale Selbstvergebung – die praktischen Schritte* führt ebenso wie die anderen Werkzeuge durch die fünf Stadien – die Geschichte erzählen, die Gefühle wahrnehmen, die Geschichte auseinandernehmen, die Geschichte neu fassen und die Wandlung integrieren – jedoch auf eine völlig neuartige Weise.

Sie werden eingeladen, die Geschichte in Gedanken durchzugehen und sich zu gestatten, die damit verbundenen Gefühle in ihrer ganzen Tiefe wahrzunehmen. Alles, was Sie auf die 13 Fragen hin zu tun brauchen, ist, ja zu sagen. (Vergessen Sie nicht, dass dies selbst dann angebracht sein kann, wenn Sie lieber Nein sagen würden. Denken Sie an das Prinzip *So tun als ob.*) Sprechen Sie Ihr Ja laut aus. Damit helfen Sie, die neue Geschichte in Ihrem Körper zu integrieren (fünftes Stadium).

Die 13 Schritte haben nichts mit Hypnose oder Bewusstseinsveränderung zu tun. Sie können sie also auch beim Autofahren hören. Es ist nicht erforderlich, dass Sie die Augen dabei schließen. Wenn Sie jedoch an einem Ort sind, an dem Sie die Augen gefahrlos schließen können, kann dies die Wirksamkeit der Übung möglicherweise erhöhen.

Die Audio-CD *Radikale Selbstvergebung – die praktischen Schritte* ist ein Werkzeug, das Sie immer dabeihaben sollten, um es benutzen zu können, wenn immer die Situation es erfordert. (Die CD ist im Buchhandel und auf der Website http://www.tipping-methode.de/Shop/shop.html erhältlich.)

Ich hoffe, dass die praktischen Übungen bei Ihnen auf fruchtbaren Boden gefallen sind. Und vielleicht nehmen Sie die Entdeckung, dass in Ihnen viele verschiedene Ich-Anteile lebendig sind, zum Anlass, diese besser kennenzulernen. Ich hoffe außerdem, dass Sie diese Aspekte Ihres Wesens so lieben lernen, wie sie sind – ganz gleich, was geschieht.

Schließlich wünsche ich mir für Sie, dass Sie tief in Ihrem Inneren erkennen, dass Ihr ICH BIN Sie so liebt und unterstützt, wie Sie sind, und Sie als den einzigartigen und wundervollen Menschen würdigt, der Sie sind. Ich schließe mich dem von ganzem Herzen an.

Beenden möchte ich dieses Buch mit Worten, die zwar nicht von mir stammen, die ich aber an dieser Stelle sehr passend finde. Ich danke der mir unbekannten Person dafür, dass sie uns ihre Worte hinterlassen hat.

Du bist einzigartig

Auf der ganzen Welt gibt es niemanden, der so ist wie du. Seit Anbeginn der Welt hat es noch nie eine Person gegeben, die ist wie du. Niemand sonst lächelt so wie du. Niemand hat deine Augen, deine Nase, dein Haar, deine Hände, deine Stimme. Du bist etwas Besonderes.

Niemand sieht die Dinge so wie du. Seit Anbeginn der Welt hat noch niemand so gelacht wie du, so geweint wie du. Und nichts, was dich zum Lachen oder zum Weinen gebracht hat, wird bei jemand anderem dasselbe Lachen oder dieselben Tränen hervorrufen.

Du bist die einzige Person im gesamten Universum, die über deine speziellen Begabungen verfügt. Es wird immer jemanden geben, der besser ist in einem der Dinge, in denen du gut bist. Doch niemand im ganzen Universum kann die Qualität des Zusammenspiels deiner Begabungen, Ideen und spirituellen Fähigkeiten erreichen.

In aller Ewigkeit wird niemals jemand genau so aussehen, sprechen, gehen, denken oder handeln wie du.

Du bist einzigartig. Du bist. Und wie bei allem, was selten ist, liegt darin ein unschätzbarer Wert. Weil du so rar und wertvoll bist, hast du es nicht nötig, andere zu imitieren. Nimm deine Einzigartigkeit einfach an und erfreue dich daran, einschließlich der Wesenszüge, die dir nicht gefallen.

Du bist etwas Besonderes. Erkenne, dass es kein Zufall ist, dass du die Person bist, die du bist. Ebenso, wie jede Schneeflocke, die zur Erde fällt, ein vollkommenes, ebenmäßiges Gebilde ist, das es nur einmal gibt, gibt es keine zwei Menschen, die gleich sind. Erkenne, dass du auf diese Welt gekommen bist, um eine ganz besondere Bestimmung zu erfüllen. Es gab Milliarden von Bewerbern für diese Bestimmung, aber nur du bist dafür geeignet. Du bist die Person mit der optimalen Kombination von Eigenschaften für diese Bestimmung.

Bitte darum, bei der Erfüllung deines göttlichen Plans auch weiterhin geführt zu werden. Vertraue dem Prozess und lass ihn sich entfalten – in Folgerichtigkeit und vollkommener Harmonie.

Sei dankbar und genieße es!

MEINE RADIKALE ENTSCHULDIGUNG

Auch wenn ich weiß, dass alles in göttlicher Ordnung ist, schon immer war und immer sein wird, bin ich jetzt dennoch bereit, eine radikale Entschuldigung zu leisten an ...., den/die ich verletzt habe oder dem/der ich Schaden zugefügt habe.

Ich tue dies in dem Wissen und im Vertrauen darauf, dass es den Prozess auslöst, der meinen Schatten integriert und hoffentlich auch den Schmerz desjenigen lindert, den ich verletzt habe.

(Wenn Sie möchten, können Sie Ihre Entschuldigung ausdehnen und spezifischer sagen, wofür Sie sich entschuldigen und wie Sie sich damals gefühlt haben oder wie Sie sich jetzt fühlen, aber bitte keine Rechtfertigungen.)

Tragen Sie Ihren Namen in die freien Felder ein und lesen Sie die Erklärung laut:

Ich, ..., heile meinen Schmerz und integriere meinen Schatten, und indem ich das tue, hebe ich meine Schwingung an.

Ich, ..., löse den Ärger, die Angst und die Scham, die in meinem Energiefeld gebunden sind, auf, damit ich wieder Frieden in meinem Herzen fühlen kann.

Ich, ..., tue dies in dem Bewusstsein, dass meine Entschuldigung vielleicht nicht akzeptiert wird und mir eventuell keine Vergebung gewährt wird. Ich tue es dennoch, mit offenem Herzen und ohne Erwartungen oder Anhaftungen an das Ergebnis.

Ich vergebe mir vollständig und akzeptiere mich als liebevolles, großzügiges und freiheitsliebendes Wesen. Ich lasse das Bedürfnis los, an Selbstkritik und Urteilen über mich selbst festzuhalten. Ich lasse die Vergangenheit los und erlaube der Liebe und Fülle, die in mir sind, frei zu fließen. Indem ich alles ans Licht bringe und den angerichteten Schaden wiedergutmache, bin ich ermächtigt, wieder ich selbst zu sein und mich selbst bedingungslos zu lieben und zu unterstützen, genau so, wie ich bin, in all meiner Kraft und Einzigartigkeit.

Ich gebe mich jetzt der höheren Macht hin, die ich als .... bezeichne, und vertraue in das Wissen, dass die Situationen, für die ich mich entschuldigt habe, sich weiterhin in Vollkommenheit und in Übereinstimmung mit der göttlichen Führung und den spirituellen Gesetzen entfalten werden. Ich erkenne meine Verbundenheit mit allen an und fühle mich selbst wieder ganz mit meiner höheren Macht verbunden. Meine wahre Natur, welche Liebe ist, wird wiederhergestellt, und ich handle in der Welt mit Liebe.

Ich schließe meine Augen, um die Liebe zu fühlen, die mein Leben durchströmt, und die Freude, die entsteht, wenn Liebe gefühlt und zum Ausdruck gebracht wird.

Datum: ________ Unterschrift: ________________

ÜBER DEN AUTOR

Colin Tipping ist Therapeut, Autor und Lehrer.

Bis Anfang der Achtzigerjahre war er Lehrbeauftragter an der London University und an der Middlesex University. 1984 ging er in die USA und gründete in Atlanta (Georgia) das *Help-Program*, ein ganzheitliches Heilzentrum für Krebskranke, und *Together-We-Heal, Inc.*, ein Institut, das sich innovativen psycho-emotionalen Heilweisen widmet. Seine Synthese aus psychologischer und spiritueller Arbeit hat schon vielen Menschen auf der ganzen Welt geholfen, einen völlig neuen Blick auf die Ereignisse ihres Lebens zu werfen, und es ihnen ermöglicht, zu vergeben und Frieden zu finden.

Colin Tipping hält Vorträge und leitet Workshops und Zeremonien auf der ganzen Welt. Er hat mehrere Bücher, CDs, DVDs und Online-Programme veröffentlicht. Sein Bestseller zur Radikalen Vergebung *Ich vergebe* wurde in sieben Sprachen übersetzt (Deutsch, Niederländisch, Französisch, Spanisch, Polnisch, Russisch und Tschechisch).

Die Tipping-Methode der Vergebung in Deutschland, Österreich und der Schweiz

Seit 2005 bietet die Akademie für Transformation im deutschsprachigen Raum Seminare, Workshops und Ausbildungen zum Coach in der Tipping-Methode an.

Viele Arbeitsblätter zu den verschiedenen Themen können Sie kostenlos von der unten angegebenen Website herunterladen. Außerdem finden Sie dort weiterführende Informationen zum Thema, eine Liste der Tipping-Coaches sowie Ankündigungen aller Veranstaltungen und Seminare.

Akademie für Transformation
Hessenstraße 21
D-35410 Hungen
Telefon: (06402) 519203
info@tipping-methode.de
www.tipping-methode.de